George Weigel

Der nächste Papst

Das Amt des Petrus
und eine missionarische Kirche

media
maria

Bibliografische Information: Deutsche Nationalbibliothek.
Die Deutsche Nationalbibliothek verzeichnet diese Publikation in der
Deutschen Nationalbibliografie; detaillierte bibliografische Daten sind im
Internet über http://dnb.ddb.de abrufbar.

Originaltitel der amerikanischen Ausgabe:
THE NEXT POPE
The Office of Peter and a Church in Mission
© 2020 by George Weigel
Cover: Bronzestatue des hl. Petrus,
Arnolfo di Cambio (1245–1302), Petersdom in Rom
© Fotograf: Stefano Spaziani, Grafik: Enrique J. Aguilar
© 2020 by Ignatius Press, San Francisco

Die Bibelzitate stammen aus der revidierten Einheitsübersetzung der
Heiligen Schrift © Katholische Bibelanstalt GmbH, Stuttgart 2016.
Die Dokumente des Zweiten Vatikanischen Konzils sind nach der Homepage
des Vatikans zitiert: http://www.vatican.va/archive/hist_councils/ii_vatican_
council/index_ge.htm.

DER NÄCHSTE PAPST
Das Amt des Petrus und eine missionarische Kirche
Übersetzung: Dr. Gabriele Stein

© Media Maria Verlag, Illertissen 2020

ISBN 978-3-9479312-4-8
www.media-maria.de

Inhalt

Ein kurzer erklärender Hinweis

In den vergangenen drei Jahrzehnten hatte ich immer wieder das Privileg, mich ausgiebig mit Papst Johannes Paul II., dem emeritierten Papst Benedikt XVI. und Papst Franziskus unterhalten zu dürfen. Die Überlegungen in diesem Buch fußen auf dem, was ich aus diesen Begegnungen – und in vielen Jahren der Interaktion mit Katholiken auf allen Kontinenten, die die unterschiedlichsten Positionen in der Kirche innehatten – gelernt habe.

Mit dem, was nun folgt, begleiche ich also lediglich einen Teil einer großen Schuld.

Die katholische Kirche ist zu allen Zeiten dieselbe, wie der heilige Paulus uns in Epheser 4,5 ins Gedächtnis ruft: Sie dient demselben Herrn, ist auf demselben Glauben und derselben Taufe gegründet. Nicht gleich bleibt hingegen die katholische Art und Weise des Kircheseins: Sie ändert sich, um den Anforderungen gerecht zu werden, die die Aufgabe, Christi Heilssendung in der Welt fortzusetzen, mit sich bringt. Fünf epochale Übergänge hat es in der Geschichte des Christentums gegeben. Einer davon bahnt sich gerade an.

Bei dem ersten dieser großen Übergänge trennte sich die frühe Kirche, wie wir sie nennen, endgültig von dem, was später als das rabbinische Judentum bekannt werden sollte, in einem Prozess, der nach dem ersten jüdisch-römischen Krieg 70 n. Chr. an Fahrt aufnahm. Diese frühe Kirche brachte das patristische Christentum hervor und wurde von diesem abgelöst. Es entwickelte sich im vierten Jahrhundert und wurde durch die Begegnung der Kirche mit der klassischen Kultur beeinflusst. Das patristische Christentum seinerseits brachte gegen Ende des ersten Jahrtausends das Christentum des Mittelalters hervor und wurde von diesem abgelöst: der engsten Verbindung aus Kirche, Kultur und Gesellschaft, die es je gab. Das Christentum des Mittelalters brach in den verschiedenen Reformationen des 16. Jahrhunderts auseinander und aus dieser Umwälzung ging der gegenreformatorische Katholizismus hervor: die Art des Kircheseins, mit der jeder Katholik, der vor Mitte der 1950er-Jahre geboren wurde, aufgewachsen ist.

Gegen Ende des zweiten Jahrtausends schließlich nahm der fünfte große Übergang in der Weltkirche seinen Aufschwung: vom gegenreformatorischen Katholizismus zur Kirche der Neuevangelisierung. Die Katholiken der heutigen Zeit leben inmitten der Turbulenzen dieser Übergangszeit.

Im dritten Jahrzehnt des 21. Jahrhunderts hat dieser fünfte epochale Übergang der katholischen Kirche einen kritischen Punkt erreicht. Denn die drei Päpste, die ich persönlich kennengelernt und deren Ausübung des Petrusamtes ich aus nächster Nähe verfolgt habe, waren allesamt auf die eine oder andere Weise Männer des Zweiten Vatikanischen Konzils: jenes Ereignisses also, das den Übergang vom gegenreformatorischen Katholizismus zur Kirche der Neuevangelisierung erst so richtig angekurbelt hat. Der nächste Papst jedoch wird nicht in derselben Weise wie seine drei Vorgänger auf dem Stuhl des heiligen Petrus vom II. Vatikanum geprägt sein.

Karol Wojtyła (der spätere Papst Johannes Paul II.) nahm als noch sehr junger polnischer Bischof und späterer

Erzbischof von Krakau in allen vier Sitzungsperioden des Konzils eine aktive Rolle ein und war am Entwurf der Pastoralkonstitution über die Kirche in der modernen Welt *Gaudium et spes* beteiligt. Joseph Ratzinger (der spätere Papst Benedikt XVI.) trug als junger *Peritus* oder theologischer Experte des II. Vatikanums maßgeblich zur Ausarbeitung von fünf Konzilstexten einschließlich der Dogmatischen Konstitutionen über die Kirche und über die göttliche Offenbarung bei. Die päpstlichen Programme Johannes Pauls II. und Benedikts XVI. waren zutiefst von ihren Erfahrungen mit dem II. Vatikanum und seiner Rezeption in der Weltkirche beeinflusst. Ja, man kann ihre Pontifikate sogar als ein einziges, 35 Jahre andauerndes Bemühen deuten, eine offizielle Lesart des Konzils verbindlich festzuschreiben. Dreh- und Angelpunkt dieses Bemühens war die Außerordentliche Bischofssynode von 1985, die die Erklärung zur Interpretation der sechzehn Dokumente des II. Vatikanums im Konzept einer Kirche als missionarischer Gemeinschaft von Jüngern fand. Dieser Kernbegriff führte schließlich zur Proklamation der Neuevangelisierung im Vorfeld und während des Heiligen Jahres 2000 und zu dem 2007 von den Bischöfen Lateinamerikas und der Karibik veröffentlichten Dokument von Aparecida, das vielleicht die ausgereifteste Beschreibung dessen darstellt, wie eine missionarische Gemeinschaft von Jüngern aussehen sollte.

Anders als seine beiden päpstlichen Vorgänger hat Jorge Mario Bergoglio (der spätere Papst Franziskus) das Zweite Vatikanische Konzil zwar nicht direkt miterlebt, war jedoch während des Konzils bereits ein junges Mitglied der *Gesellschaft Jesu* und in der Zeit der hitzigen Debatten gleich nach dem II. Vatikanum ein Oberer seines Ordens. Als

Erzbischof von Buenos Aires war er maßgeblich am Entwurf des Dokuments von Aparecida beteiligt. Und als Papst hat Franziskus Papst Paul VI. (der drei der vier Sitzungsperioden des II. Vatikanums geleitet hat) als sein päpstliches Vorbild bezeichnet und mit Papst Paul VI. und Papst Johannes XXIII. beide Konzilspäpste heiliggesprochen. Auch Papst Franziskus ist also maßgeblich vom Konzil geprägt.

Der nächste Papst wird aller Wahrscheinlichkeit nach in den Jahren des II. Vatikanums ein Teenager oder ein sehr junger Mann gewesen sein; vielleicht sogar noch ein Kind. Jedenfalls werden ihn die Erfahrung des Konzils und die unmittelbar daran anschließenden Debatten über seine Bedeutung und Rezeption nicht so nachhaltig beeinflusst haben wie Johannes Paul II., Benedikt XVI. und Franziskus. Somit wird der nächste Pontifex in einem anderen Sinne ein Übergangspapst sein als seine unmittelbaren Vorgänger. Und deshalb scheint es angemessen, jetzt darüber nachzudenken, was die Kirche aus ihren Erfahrungen mit den Pontifikaten dieser drei vom Konzil geprägten Päpste gelernt hat – und was der nächste Papst davon beherzigen sollte.

Die katholische Kirche wird im nächsten Pontifikat ein noch unerforschtes Gelände betreten. Deshalb ist es wichtig, jetzt über zwei Fragen nachzudenken:

Was will der Heilige Geist eine Kirche im Übergang lehren?

Welche Eigenschaften wird der Mann brauchen, der – als Nachfolger des heiligen Petrus, dem »die Schlüssel des Himmelreichs« gegeben sind (Mt 16,19) – die Ehrfurcht gebietende Verantwortung und große Last des päpstlichen Dienstamtes trägt, um die Kirche durch diesen Übergang hindurchzuführen?

Der Heilige Geist
und die gegenwärtige Situation des
Katholizismus

Und ich werde den Vater bitten und er wird euch einen anderen
Beistand geben, der für immer bei euch bleiben soll, den Geist
der Wahrheit [...]. Ihr aber kennt ihn, weil er bei euch bleibt und
in euch sein wird.

Joh 14,16–17

In den letzten eineinhalb Jahrhunderten hat der Heilige
Geist die katholische Kirche einem dritten Jahrtausend
entgegengeführt, das von einem erneuerten evangelikalen
Zeugnis und einer zunehmenden missionarischen Begeisterung geprägt sein wird.

Diese Reise in die Tiefen des Evangeliums war eine Erfahrung der Gnade und war doch nicht frei von Schwierigkeiten. Die notwendigen Reformen, um sicherzustellen,
dass die Kirche des 21. Jahrhunderts den großen Auftrag
erfüllen kann – »Geht und macht alle Völker zu meinen
Jüngern« (Mt 28,19) –, sind noch nicht abgeschlossen. Innerhalb der Kirche selbst gibt es in Fragen der katholischen
Lehre und Identität, der katholischen Praxis und dem Sendungsauftrag tiefe Gräben. Über vielen Ortskirchen liegt
der dunkle Schatten des Skandals. Es sind keine ruhigen
Zeiten für uns Katholiken.

Wenn wir jedoch auf die Weltkirche schauen und sehen, wo der Katholizismus lebendig und vital ist und wo demgegenüber die Kirche dahinsiecht und im Sterben liegt, dann rückt der Weg in den Blickpunkt, den der verheißene Tröster, der Heilige Geist, für die Kirche im dritten Jahrtausend festgelegt hat.

Die Kirche, die das Evangelium angenommen, die Männern und Frauen das große Geschenk der Freundschaft mit unserem Herrn Jesus Christus gemacht, diese Freunde des Herrn in die Gemeinschaft seiner Jünger aufgenommen und diese Jünger kraft der Sakramente dazu ermächtigt hat, das ihnen gemachte Geschenk an andere weiterzugeben – *dieser* Katholizismus ist lebendig, auch wenn die kulturellen und politischen Umstände so manche Herausforderung mit sich bringen. Und dieser Katholizismus leistet wichtige Beiträge für die Gesellschaft, Kultur und für das öffentlichen Leben.

Die Kirche jedoch, die ihr Vertrauen in das Evangelium verloren hat, die das Evangelium nicht länger als rettende Wahrheit und göttliche Gnade für jedermann verkündet, die Kirche, die sich selbst anscheinend als eine Nichtregierungsorganisation betrachtet, die von der Gesellschaft gebilligte gute Werke tut – *dieser* Katholizismus liegt im Sterben, und zwar auch dort, wo er finanzstark und gut organisiert zu sein scheint. Und *dieser* Katholizismus steht eher am Rand der Gesellschaft, der Kultur und des öffentlichen Lebens.

Für diejenigen, die Augen haben, die Werke der Gnade zu erkennen, die Ohren haben zu hören, was der Geist der Kirche sagt, und die den Mut haben, auf der Grundlage des Gesehenen und Gehörten zu handeln, ist der weitere Weg mithin klar – ungeachtet aller Herausforderungen.

Dieser vom Geist geführte Weg zu einem Katholizismus, in dem die zahlreichen Einrichtungen der Kirche Startrampen für die Mission werden, hat vor beinahe eineinhalb Jahrhunderten begonnen.

Papst Leo XIII. fasste bei seiner Wahl 1878 einen Entschluss von evangelikaler Kühnheit: Der Katholizismus sollte die defensiven Festungen verlassen, die er im Lauf des 19. Jahrhunderts errichtet hatte, und sich mit der modernen Welt auseinandersetzen, um sie zu bekehren. Auf diese Weise, glaubte Leo XIII., könnte die Kirche dazu beitragen, eine solidere Grundlage für das Bestreben der modernen Gesellschaft nach Frieden, Wohlstand und Solidarität zu schaffen. Um diese Vision eines engagierten Katholizismus zu verwirklichen, belebte Papst Leo das katholische intellektuelle Leben neu, drängte auf einen neuen Dialog zwischen der Kirche und der modernen Wissenschaft, erleichterte das Studium der eigenen Kirchengeschichte, ermutigte zu einer intensiveren Begegnung des Katholizismus mit der Bibel und begründete die moderne katholische Soziallehre. Während Leos Pontifikat und in der Zeit danach rief diese »leoninische Revolution« vor allem in Europa beträchtliche innerkirchliche Turbulenzen hervor. Die Frage, wie der Katholizismus die Aufgabe der Bekehrung der Welt angehen sollte, wurde heftig und zuweilen erbittert diskutiert. Deshalb und aufgrund der traumatischen Erfahrungen aus der Geschichte (einschließlich zweier Weltkriege) war der Weg zu einer evangelikal ausgerichteten katholischen Erneuerung nie leicht und ihn zu beschreiten, erforderte immer Opfer.

Achtzig Jahre nachdem Leo Bischof von Rom geworden war, wurde Angelo Giuseppe Roncalli zum Papst gewählt. Er nahm den Namen Johannes XXIII. an. Roncalli hatte die

Unruhe, die die »leoninische Revolution« verursacht hatte, in seinem eigenen Leben und Dienst zu spüren bekommen. Seine Erfahrungen als diplomatischer Vertreter des Papstes im vom Krieg zerrissenen Südosteuropa, als päpstlicher Nuntius in einem ausgelaugten und uneinigen Nachkriegsfrankreich und als Kardinal und Patriarch von Venedig hatten ihn, der die Geschichte aus der Nähe erfahren hatte, gelehrt, dass die Kirche mehr tun musste, als sich gegen politische und kulturelle Aggressoren zu verteidigen, wenn sie einen erneuerten und wiederbelebten Auftrag in Angriff nehmen wollte – genauso wie es einer seiner Helden, der heilige Karl Borromäus, im 16. Jahrhundert getan hatte, als er auf dem Bischofsstuhl des heiligen Ambrosius in Mailand saß. Denn am Ende des zweiten und an der Schwelle zum dritten Jahrtausends befand sich die katholische Kirche nicht länger in einer Zeit des Christentums, in der sie bei der Weitergabe des Glaubens mit der Hilfe der öffentlichen Umgebungskultur rechnen konnte. Sie befand sich wieder einmal in einer apostolischen Zeit – deren Rahmen durch den großen Auftrag zur Mission und durch ein lebhaftes Bewusstsein der Verpflichtung gekennzeichnet war, das Evangelium, »ob gelegen oder ungelegen«, zu verkündigen (2 Tim 4,2).

Johannes XXIII. hatte dies erkannt. Und weil er diese Erkenntnis des evangelikalen Gebots und der evangelikalen Möglichkeit mit der ganzen katholischen Kirche teilen wollte, berief er das Zweite Vatikanische Konzil ein. Das II. Vatikanum sollte die Kräfte sammeln, die die »leoninische Revolution« freigesetzt hatte, und sie im Prisma eines ökumenischen Konzils klar betrachten. Dieses Konzil, so hoffte er, würde eine neue Pfingsterfahrung sein. Und wie das erste christliche Pfingstfest, das im zweiten

Kapitel der Apostelgeschichte beschrieben wird, sollte auch diese Erfahrung des Heiligen Geistes den Glauben der Kirche an die Wahrheit des Evangeliums vertiefen und in ihr einen neuen Eifer für die Evangelisierung entzünden.

Was Johannes XXIII. mit dem II. Vatikanum beabsichtigt hatte, wird in seiner Eröffnungsansprache an die Konzilsteilnehmer vom 11. Oktober 1962 deutlich, die nach den ersten drei Wörtern des lateinischen Texts unter dem Titel *Gaudet Mater Ecclesia* (»Es jubelt die Mutter Kirche«) bekannt ist. Heute erinnert man sich, wenn überhaupt, nur an einen Satz aus dieser Ansprache: den Satz, in dem der Papst jene »Unheilsverkünder« rügte, in deren Augen die modernen Zeiten nichts als Untergang und Unheil mit sich brachten.[1] Doch *Gaudet Mater Ecclesia* war weit mehr als eine Warnung vor historischem Pessimismus. Immer wieder kam Johannes XXIII. in seiner umfänglichen Ansprache auf einen zentralen Punkt zurück: dass die Kirche ihr Selbstverständnis wieder an Jesus Christus ausrichten müsse, von dem (so seine Worte) die Kirche »Namen, Gnade und jegliche Vollmacht erhält«.[2] Die Ära dessen, was man vielleicht als Ekklesiozentrismus beschreiben könnte – einer Kirche, die in der Moderne oft darauf fokussiert gewesen ist, als Institution zu überleben und zu funktionieren –, neigte sich dem Ende zu. Ein neues christozentrisches Zeitalter – mit einer Kirche, die sich wieder darauf konzentriert, das Evangelium Jesu Christi als Antwort auf die Frage zu verkündigen, die sich in jedem Menschenleben stellt – sollte beginnen. Das war die Richtung, in die der Heilige Geist die Kirche fast ein Jahrhundert lang geführt hatte. Das war der Weg in die Zukunft, den der Katholizismus beschreiten musste, indem er die

Institutionen, die in den Jahrhunderten, als die Kirche sich gegen feindliche Mächte verteidigt hatte, errichtet und aufrechterhalten worden waren, als Plattformen nutzte, um von dort aus die Welt zu bekehren.

Indem sie diesen Weg einschlagen würde, betonte Johannes XXIII., würde die katholische Kirche keinen Bruch mit ihrer Vergangenheit erleiden. Vielmehr kehrte sie im spirituellen Sinne und in ihrer religiösen Vorstellung in das Galiläa des 28. Matthäuskapitels und des großen Sendungsauftrags zurück. Der Katholizismus war dabei, seine wesentliche evangelikale Bestimmung wiederherzustellen und zu erneuern. Um dieses Ziel zu erreichen – das heißt, alle Völker zu Jüngern zu machen –, musste die Kirche die Wahrheit, die Christus der ersten Gruppe von Aposteln hinterlassen hatte, »rein, unvermindert und ohne Entstellung überliefern«, wie es der Papst in *Gaudet Mater Ecclesia* formuliert hat.[3] Doch während er die Notwendigkeit hervorhob, die Wahrheit des katholischen Glaubens zu bewahren, betonte Papst Johannes auch den Auftrag, diese Wahrheit *weiterzugeben.* Die Kirche musste das Geschenk weitergeben, das den Christen gemacht worden war, damit »diese Lehre in ihrer ganzen Fülle und Tiefe erkannt [wird]«.[4] Denn in jener Wahrheit würden, wie der Papst lehrte, die Männer und Frauen der modernen Welt besser verstehen, »was sie in Wahrheit sind, welche Würde ihnen zukommt und welchem Ziel sie nachzustreben haben«.[5] Das Evangelium zu verkündigen und zu bezeugen hieß, der Menschheit die Wahrheit über sich selbst zu bringen – eine im tiefsten Wortsinn befreiende Wahrheit.

Das Zweite Vatikanische Konzil selbst war eine Zeit der Auseinandersetzungen und die Debatten in den fünfeinhalb Jahrzehnten, die seit seinem Ende vergangen sind, waren noch heftiger. Doch es sind nicht die Streitigkeiten innerhalb der nachkonziliaren Kirche, die uns jetzt an der Schwelle des dritten Jahrzehnts des 21. Jahrhunderts zu denken geben. In den 1700 Jahren der Geschichte des Katholizismus waren die ökumenischen Konzilien immer wieder mit strittigen Themen befasst, die nicht selten grundlegende Glaubenswahrheiten betrafen. Auf ökumenischen Konzilien wurden erbitterte Kämpfe ausgetragen und auch die Zeit nach diesen Konzilien war in der Regel von mehr oder weniger heftigen Auseinandersetzungen bestimmt. Dass in der katholischen Kirche Auseinandersetzungen stattfinden, ist nichts Neues. Es hat früh begonnen, wie wir im 6. und 15. Kapitel der Apostelgeschichte nachlesen können, und dies hat sich bis heute fortgesetzt.

Auffallend ist allerdings, dass inmitten der nachkonziliaren Auseinandersetzungen, die auf das II. Vatikanum folgten, diejenigen Teile der Weltkirche, die sich die christuszentrierte, evangelikale Sicht der Zukunft der katholischen Kirche, wie Johannes XXIII. sie in *Gaudet Mater Ecclesia* entworfen hatte, zu eigen machten, eine Blütezeit erlebten. Gleichzeitig hielten diejenigen Teile der Weltkirche, die nicht begriffen hatten, dass die Gegenreformation vorüber war und der Heilige Geist die Kirche nun über den bloßen Selbsterhalt hinaus zu einem lebendigen Sendungsbewusstsein berief, dem Druck der modernen Welt nicht stand. Und ebenso erging es denjenigen Teilen der Weltkirche, die glaubten (und immer noch glauben), das Zweite Vatikanische Konzil habe einen radikalen Bruch mit der katholischen Vergangenheit vollzogen: jenen, die allem Anschein nach den Aufruf Johannes' XXIII. in *Gaudet Mater Ecclesia* überhört hatten (und immer noch überhören), dass die Kirche der Zukunft die Wahrheit des Evangeliums und die Lehre der Kirche »rein, unvermindert und ohne Entstellung überliefern« soll.

Die evangelikale Absicht, die Johannes XXIII. mit dem II. Vatikanum verfolgte, wurde durch drei entscheidende Ereignisse in der nachkonziliaren Kirche noch weiter bekräftigt. Diese Ereignisse inspirieren und beseelen den lebendigen Teil der heutigen katholischen Weltkirche. Das erste war das Apostolische Schreiben *Evangelii nuntiandi* (»Die Verkündigung des Evangeliums«), das Papst Paul VI. 1975 herausgab.

Paul VI. brachte das II. Vatikanum zu einem erfolgreichen Abschluss. Doch die Jahre unmittelbar nach dem Konzil waren von Kontroversen über die Bedeutung des Konzils, von einem schweren Verfall der kirchlichen Disziplin und von kirchenerschütternden Protesten gegen die Enzyklika über die katholische Ethik der menschlichen Liebe beherrscht, die Papst Paul 1968 promulgiert hatte *(Humanae vitae)*. Als aber sein Leben sich dem Ende zuneigte, wollte Paul VI. der Kirche ein »pastorales Testament« hinterlassen, wie es einer seiner Mitarbeiter genannt hat.[6] Dieses Testament – *Evangelii nuntiandi*, das als Abschluss der Arbeiten der Bischofssynode von 1974 verfasst worden war – rief der Kirche die ermutigende Vision ins Gedächtnis, die Johannes XXIII. für das II. Vatikanum gehabt hatte.

Der Papst, der sich den Namen des Apostels der Heiden gegeben hatte, lehrte, dass Mission nicht einfach etwas ist, was die Kirche tut: Die Kirche *ist* Mission. Der einzige Auftrag der katholischen Kirche besteht darin, anderen ganz

unumwunden die Freundschaft mit Jesus Christus anzubieten: »Es gibt keine wirkliche Evangelisierung«, schrieb
Paul VI., »wenn nicht der Name, die Lehre, das Leben, die
Verheißungen, das Reich, das Geheimnis von Jesus von
Nazaret, des Sohnes Gottes, verkündet werden.«[7] Christus
zu begegnen heißt natürlich, der Kirche zu begegnen: einer Gemeinschaft, die von jenen sakramentalen Gnaden-
quellen lebt, die den Glauben, die Hoffnung und die Liebe speisen. Um im vollen Wortsinn in dieser Kirche zu leben, müssen diejenigen, die evangelisiert worden sind,
selbst evangelisieren. Und indem sie zu Boten des Evangeliums werden, so Papst Paul abschließend, bewirken Christen die Umwandlung der Kultur und der Gesellschaft –
ein Werk der Umwandlung, das von der fortwährenden
Bekehrung zu Christus beseelt wird.

Wenn *Gaudet Mater Ecclesia* ein Entwurf Johannes' XXIII.
für die Arbeit des Zweiten Vatikanischen Konzils gewesen ist, dann war *Evangelii nuntiandi* die Zusammenfas-
sung dieser Arbeit durch Paul VI. – und eine Herausforderung, die Auseinandersetzungen zu überwinden und zum
Sendungsauftrag überzugehen.

Das zweite Ereignis, das die evangelikale Zielsetzung
des II. Vatikanums bekräftigte, war die Außerordentliche
Bischofssynode, die Papst Johannes Paul II. 1985 einberufen hatte, um zwanzig Jahre nach dem feierlichen Abschluss des Konzils am 8. Dezember 1965 zu prüfen, was
bei dessen Umsetzung gut und was nicht ganz so gut gelungen war.

Anders als frühere ökumenische Konzilien hatte das
II. Vatikanum keine Erklärung zu seiner eigenen authen-
tischen Interpretation geliefert: Es hat keine Lehre festgelegt, keine Häresie verurteilt, kein Glaubensbekenntnis

verfasst, keine Gesetze erlassen, keinen Katechismus in Auftrag gegeben. Der Schlüssel musste in den Konzilstexten selbst gefunden werden, die es durch das Prisma von *Gaudet Mater Ecclesia* und *Evangelii nuntiandi* zu lesen galt. Und dieser »Schlüssel«, so befanden die Väter der Synode von 1985, war die Vorstellung von der Kirche als einer *missionarischen Gemeinschaft von Jüngern*. Der Katholizismus beginnt mit der Jüngerschaft, mit der Bekehrung und Freundschaft zu Jesus Christus – und damit, dass man das Evangelium als umfassende Wahrheit akzeptiert. Durch diese Bekehrung wird man der »Gemeinschaft« der Freunde Jesu, des Herrn, eingegliedert, die anders ist als jedes andere Beziehungsgefüge im Leben ihrer Mitglieder. Und diese »Gemeinschaft« lebt nicht für sich allein. Sie besteht, um anderen das Geschenk zu machen, das sie selbst empfangen hat, nämlich die Freundschaft mit dem fleischgewordenen Gottessohn und die Teilhabe an seinem mystischen Leib, der Kirche.[8]

In der Welt und auch in Teilen der Kirche war man der Auffassung, dass es bei den Auseinandersetzungen in der katholischen Kirche, die auf das II. Vatikanum folgten, um Macht ging. Die Synode von 1985 betonte hingegen, dass nichts Geringeres auf dem Spiel stand als das Selbstverständnis der Kirche. Das Zentrum dieses Selbstverständnisses war und ist und muss immer Jesus Christus bleiben. Und Jesus, den Herrn, zu kennen bedeutet, als Einzelperson und als Mitglied der Kirche die Verantwortung zu übernehmen, andere mit ihm bekannt zu machen. »Missionarische Öffnung zum Heil der Welt in seiner Fülle« hatte, so schrieben die Synodenväter, die Kirche des Neuen Testaments einst charakterisiert – und sollte nun auch die Kirche des II. Vatikanums charakterisieren.[9]

Das dritte Ereignis, das die evangelikale Zielsetzung des II. Vatikanums bekräftigte und die lebendigen Teile der Weltkirche im 21. Jahrhundert inspirierte, war das große Jubiläumsjahr, das Heilige Jahr 2000.

Johannes Paul II. rief dieses Heilige Jahr aus, damit die Kirche sich erneut auf den Wegen der Heilsgeschichte bewegte. Wozu das? Damit das Kirchenvolk sich daran erinnerte, dass das Christentum keine fromme Legende ist: Das Christentum beruht auf bestimmten historischen Ereignissen, auf Dingen, die echten Männern und Frauen zu einem bestimmten Zeitpunkt an einem bestimmten Ort widerfahren sind. Und diese Ereignisse – allen voran die Begegnung mit dem auferstandenen Herrn, den diese Männer und Frauen zuvor als den Rabbi Jesus aus Nazaret gekannt hatten – verwandelten Menschen, die sich bis dahin scheu abseits gehalten hatten, in eine Gemeinschaft von Jüngern, die eine religiöse Revolution auslöste.

Um dies ein für alle Mal klarzustellen, beendete Johannes Paul II. das Heilige Jahr am 6. Januar 2001 mit dem Apostolischen Schreiben *Novo millennio ineunte* (»Zu Beginn des neuen Jahrtausends«), in dem er eine biblische Metapher für den Katholizismus des dritten Jahrtausends prägte. Wie Christus die Fischer Petrus und Andreas aufgefordert hatte, aufs tiefe Wasser hinauszufahren und die Netze zum Fang auszuwerfen (vgl. Lk 5,4)[10], so rief Christus nun seine Kirche dazu auf, die seichten, zuweilen brackigen und scheinbar sicheren Gewässer der institutionellen Verwaltung zu verlassen und hinauszufahren in die aufgewühlten Fluten des 21. Jahrhunderts, um einen großen Fang an Jüngern zu machen.

Wie die Kirche einst begonnen hatte, so sollte sie ihren Auftrag weiter erfüllen.

Diese vom Geist geführte Reise durch die letzten Jahrzehnte des zweiten und die ersten Jahrzehnte des dritten
Jahrtausends ist für die Kirche zuweilen eine Wüstenwan-
derung gewesen. Es gab Zeiten – manchmal waren es Jahre –, in denen die Reise in eine vom großen Sendungsauftrag getragene katholische Zukunft ins Stocken geriet. Das
war nicht anders zu erwarten. Eine Kirche, die ganz und
gar aus unvollkommen Bekehrten besteht, eine Kirche der
Sünder, die von der Gnade leben und im Glauben voran-
schreiten, wird hin und wieder vom Weg abkommen und
sich womöglich in diesen Zeiten des Stillstands gegen sich
selbst wenden und auf eine Art brudermörderischen Streit
einlassen. Es hat in den vergangenen eineinhalb Jahrhunderten auch Zeiten gegeben, in denen die Kirche kurz vor
dem Schiffbruch zu sein schien. In solchen Zeiten ist es
wichtig, daran zu erinnern, dass das einzige göttlich inspirierte Buch über die Kirchengeschichte, die Apostelgeschichte, mit einem Schiffbruch endet – und dass diese
scheinbare Katastrophe zur Chance wurde, den Missionsauftrag der Kirche auszuweiten.

Trotz aller Schwierigkeiten, mit denen der Katholizismus konfrontiert ist – Schwierigkeiten, über die man die
katholische Kirche in der Regel definiert, wenn man sie
nicht von innen kennt –, bleibt doch klar, wie der gangba-
re Weg in eine Zukunft der katholischen Kirche verläuft.
Die Kirche des 21. Jahrhunderts und des dritten Jahrtausends wird eine christuszentrierte Kirche sein, die das
Evangelium in seiner ganzen Fülle verkündet – oder sie
wird nichts sein. Jene, die diese Kirche leiten werden, müssen das verstehen. Die Leitung dieser Kirche darf sich
nicht davon einschüchtern lassen, dass wir nicht in Zeiten
des Christentums, sondern in apostolischen Zeiten leben.

In der jetzigen Zeit des Katholizismus sollte uns diese Tatsache beleben und stärken, denn es ist eine Zeit, in der jeder in der Kirche zum Abenteuer der Mission aufgerufen ist.

Die missionarische Verantwortung betrifft jeden in der Kirche. Und viele können in unterschiedlichen Lebensphasen bei der Durchführung dieser Mission eine tragende Rolle übernehmen. Die Hauptrolle in diesem Missionswerk spielen jedoch per definitionem diejenigen, die innerhalb der Kirche mit pastoraler Autorität ausgestattet sind. Diese Autorität wird durch das Weihesakrament und die Gemeinschaft mit dem Bischof von Rom verliehen.

Und welche Anforderungen an den Bischof von Rom in diesen apostolischen Zeiten gestellt werden, ist Gegenstand der folgenden Überlegungen.

Der nächste Papst
und die Neuevangelisierung

Gnade sei mit euch und Friede von Gott, unserm Vater. Wir danken Gott, dem Vater unseres Herrn Jesus Christus, allezeit, wenn wir für euch beten. Denn wir haben von eurem Glauben in Christus Jesus gehört und von der Liebe, die ihr zu allen Heiligen habt wegen der Hoffnung, die für euch im Himmel bereitliegt. Schon früher habt ihr davon gehört durch das wahre Wort des Evangeliums, das bei euch anwesend ist. Wie in der ganzen Welt, so trägt es auch bei euch Frucht und wächst.

Kol 1,2–6

Der nächste Papst muss mit ganzer Kraft der Neuevangelisierung als dem Königsweg der Kirche für das 21. Jahrhundert verpflichtet sein.

Die Dogmatische Konstitution über die Kirche, unter ihrem lateinischen Namen *Lumen gentium* (»Das Licht der Völker«) bekannt, und die Dogmatische Konstitution über die göttliche Offenbarung *Dei verbum* (»Gottes Wort«) sind die beiden wichtigsten Dokumente des Zweiten Vatikanischen Konzils. Darin haben die Konzilsväter die *Existenz* der katholischen Kirche im großen Panorama der Heilsgeschichte verortet. Diese geschichtliche Perspektive und das damit verbundene Kirchenverständnis sind wesentlich für eine echte katholische Reform und Wiederbelebung des katholischen Sendungsauftrags einschließlich des Auftrags des Petrusamtes.

Laut *Lumen gentium* und *Dei verbum* hat Gott seit dem ersten Schöpfungstag einen Plan der Erlösung und Heiligung entfaltet. Dieser Plan, der zuerst unverhüllt kundgetan wurde, als Gott sich dem Volk Israel offenbarte, wurde zur Vollendung gebracht durch das Leben, den Tod und die Auferstehung Jesu von Nazaret, des menschgewordenen Gottessohnes. In seiner Person hat Jesus, der Herr, das Reich Gottes in der Geschichte seiner Bestimmung übergeben (wie er selbst in Mk 1,15 erklärt: »Das Reich Gottes ist nahe. Kehrt um und glaubt an das Evangelium!«). Und damit hat der Herr alle, die an ihn glauben und das Angebot seiner Freundschaft annehmen, ermächtigt, hier und jetzt jenseits der Geschichte in der Gemeinschaft der Jünger, die die Kirche ist, zu leben. Die Kirche existiert also aufgrund dem in *Lumen gentium* beschriebenen »völlig freien, verborgenen Ratschluss seiner [göttlichen] Weisheit und Güte«, der von Anfang an darauf ausgerichtet war, »die Menschen zur Teilhabe an dem göttlichen Leben zu erheben«.[1]

Und in der Mitte der Existenz der Kirche steht die Realität Jesu Christi.

Die Heilsgeschichte verläuft nicht parallel zur Weltgeschichte. Die Heilsgeschichte *ist* die Weltgeschichte: die in ihrer eigentlichen Tiefe und gegen den Strich ihres eigenen Horizonts gelesene Weltgeschichte. Die Kirche steht mithin nicht außerhalb, sondern innerhalb der Geschichte und erinnert die Welt an die tiefste Wahrheit über sich selbst. Und wenn die Kirche Ausdruck und wesentlicher Bestandteil von Gottes Heilsplan für die Welt ist, dann ist die Kirche kein historischer Zufall (wie so viele andere Institutionen, die entstehen, eine Zeit lang existieren und dann wieder verschwinden) und kann nicht als ein rein soziologisches Phänomen verstanden werden. Und deshalb haben die Konzilsväter des II. Vatikanums alle Katholiken nachdrücklich dazu aufgefordert, von der Kirche in Bildern zu denken, die der Bibel, dem geschriebenen Wort Gottes, entnommen sind. Zuweilen – wenn das menschliche Versagen von Kirchenvolk und Kirchenleitung allzu offensichtlich wird, wenn die institutionelle Kirche von manchen Seiten nichts als Verachtung erntet und wenn angesichts unzähliger Krisen und Herausforderungen die evangelikalen Kräfte schwinden – ist es wichtig, sich an die tieferen Wahrheiten über die Kirche zu erinnern, die in diesen biblischen Metaphern übermittelt werden.

Laut *Lumen gentium* ist die Kirche »der Schafstall, dessen einzige und notwendige Tür Christus ist (Joh 10,1–10)«.[2] Die Kirche »ist auch die Herde, als deren künftigen Hirten Gott selbst sich vorherverkündigt hat (vgl. Jes 40,11; Ez 34,11 ff)«.[3] Und die Schafe dieser Herde »werden […] immerfort von Christus, dem guten Hirten und dem Ersten der Hirten, geführt und genährt (vgl. Joh 10,11; 1 Petr 5,4), der sein Leben hingegeben hat für die Schafe (vgl. Joh 10,11–15)«.[4]

Die Kirche ist auch der Weinberg, der »vom himmlischen Ackerherrn als auserlesener Weingarten gepflanzt [wurde] (Mt 21,33–43 par.; vgl. Jes 5,1 ff.)«.[5] Und »der wahre Weinstock [in diesem Weingarten] aber ist Christus, der den Rebzweigen Leben und Fruchtbarkeit gibt, uns nämlich, die wir durch die Kirche in ihm bleiben, und ohne den wir nichts tun können (Joh 15,1–5)«.[6]

Die lebendigen Teile der katholischen Kirche sind heute diejenigen, die erfüllt sind von der Überzeugung, dass

Jesus Christus, der fleischgewordene Gottessohn, die Mitte der Kirche ist. Die lebendigen Teile der katholischen Kirche sind heute diejenigen, die sich Christus übergeben haben, der, mit *Lumen gentium* gesprochen, »das Licht der Welt ist: Von ihm kommen wir, durch ihn leben wir, zu ihm streben wir hin«.[7]

Die katholische Kirche existiert weder *durch* noch *für* sich selbst. Die katholische Kirche existiert wegen des göttlichen Heilsplans, der die innere Wirklichkeit der Geschichte und des Kosmos ist. Und die katholische Kirche existiert, um Jesus Christus und sein Evangelium zu verkünden.

Die Kirche wieder auf Christus und das Evangelium zu zentrieren, war eine der größten Leistungen der vom Geist geführten katholischen Erneuerungsbewegung, die unter Papst Leo XIII. ihren Anfang nahm. Die Kirche wieder auf Christus und das Evangelium zu zentrieren, war eine der Absichten Papst Johannes' XXIII. für das Zweite Vatikanische Konzil. Es sollte die Kirche an diese vom Geist geführte Dynamik erinnern. In derselben Absicht schrieb Papst Paul VI. *Evangelii nuntiandi*, definierten die Väter der Außerordentlichen Bischofssynode von 1985 das Kirchenverständnis des Konzils als das einer missionarischen Gemeinschaft des Volkes Gottes und rief Johannes Paul II. die Kirche in *Novo millennio ineunte* dazu auf, hinauszufahren auf das tiefe Wasser der Neuevangelisierung.

Deshalb kann man es nicht oft genug, sondern muss es so oft wie möglich sagen, weil die Tendenz, die Kirche institutionell zu denken, so tief in der katholischen Vorstellungswelt verwurzelt ist: Jesus Christus und sein Evangelium sind der Daseinsgrund der Kirche. Und deshalb muss

Jesus Christus im Zentrum der Verkündigung dieses Evangeliums stehen und Christus muss das Zentrum allen Wirkens der Kirche sein.

Natürlich tut die katholische Kirche vielerlei.

Die Kirche betet den einen und wahren Gott »im Geist und in der Wahrheit« an (Joh 4,23). »In der Liturgie«, so schrieben die Väter des II. Vatikanums in der Konstitution über die heilige Liturgie *(Sacrosanctum concilium)*, »besonders im heiligen Opfer der Eucharistie ›vollzieht sich‹ ›das Werk unserer Erlösung‹, und so trägt sie in höchstem Maße dazu bei, dass das Leben der Gläubigen Ausdruck und Offenbarung des Mysteriums Christi und des eigentlichen Wesens der wahren Kirche wird«.[8]

Die Kirche verbindet Wunden, verkündet den Gefangenen die Freiheit, tritt für die Wehrlosen ein, stärkt die Armen, bringt jenen Bildung, die nach Wissen dürsten, tröstet die Kranken und begräbt die Toten. Mit ihren zahllosen karitativen und wohltätigen Werken und ihrem Einsatz für die Erziehung bereichert die katholische Kirche das Leben von Millionen, die keine Katholiken, aber nach kirchlichem Glauben und Verständnis gleichwohl Männer und Frauen von Wert und unantastbarer Würde sind, für die der Sohn Gottes gelitten hat und gestorben ist. Mit diesen Werken kann die Kirche andere zu Christus und zur Gemeinschaft seiner Freunde führen – und das tut sie auch.

Doch all diese Dinge, die die Kirche *tut*, erwachsen aus der grundlegenden Wahrheit darüber, was die Kirche *ist* und sein muss: Verkünderin des Evangeliums. Die Kirche betet im Geist und in der Wahrheit an, weil Gott angebetet werden soll; weil Christus seinen Freunden aufgetragen hat, die Eucharistie des Neuen Bundes zu feiern: »Tut dies zu meinem Gedächtnis!« (Lk 22,19); weil Anbetung im Geist und in der Wahrheit dem Christen oder der Christin ein tieferes Verständnis seiner oder ihrer Taufwürde vermittelt; und weil die Gnade der sakramentalen Anbetung die Freunde Jesu Christi für die Sendung ausrüstet. Die Kirche tut ihre guten Werke nicht, weil ihr das bei der Welt Sympathien einträgt, sondern weil Christus, der Herr, seinen Freunden aufgetragen hat, dies zu tun – und weil sie den Ungläubigen oft helfen, zum ersten Mal die wärmende Flamme der göttlichen Liebe zu spüren.

Vor allem anderen aber hat der Herr Jesus seinen Freunden aufgetragen, das Evangelium zu verkünden und somit das Geschenk, das sie selbst erhalten haben, mit anderen zu teilen.

Deshalb ist alles in der Kirche und ist jeder in der Kirche dem Evangelium untergeordnet. Jene, die sich dem Evangelium nicht unterordnen, beeinträchtigen ihre Gemeinschaft mit der Kirche und mit Christus.

Das Evangelium kann nur verkündet werden, wenn es als *wahr* angenommen wird. Das haben die Väter des Ersten wie auch des Zweiten Vatikanischen Konzils verstanden.

In der Dogmatischen Konstitution über den katholischen Glauben *Dei Filius* (»Der Sohn Gottes«) hielten die Bischöfe des I. Vatikanums 1870 zwei entscheidende Wahrheiten fest: dass die Wirklichkeit Gottes im Licht der Vernunft erkannt werden kann und dass es Eigenschaften Gottes gibt, die nur durch die Offenbarung erkannt werden können. Diese zweifache Bejahung des Glaubens und der Vernunft als Wege der Gotteserkenntnis war eine wesentliche Voraussetzung dafür, den katholischen Glauben unter den Bedingungen der Gegenwartskultur unversehrt zu bewahren, die oft Zweifel daran äußert, dass überhaupt irgendetwas mit Gewissheit und wahrheitsgemäß ausgesagt werden kann. Deshalb lehrte Johannes Paul II. 1998 in seiner Enzyklika *Fides et ratio*, dass »Glaube und Vernunft«, die dem Rundschreiben seinen Titel gaben, wie zwei Flügel sind, »mit denen sich der menschliche Geist zur Betrachtung der Wahrheit erhebt«.[9] Und Papst Benedikt XVI. lehrte bei vielen Gelegenheiten, dass die Vernunft wesentlich ist, um den Glauben von abergläubischen Elementen zu reinigen, während der Glaube seinerseits die Vernunft davor bewahrt, sich in sich selbst zu verschließen und sich einem positivistischen Materialismus zu ergeben, für den die menschliche Person nicht mehr als zusammengeballter kosmischer Staub ist.

Angesichts einer sogar noch skeptischeren und säkularisierteren Welt als zu Zeiten des I. Vatikanums bestanden die Väter des Zweiten Vatikanischen Konzils mit demselben Nachdruck auf der Wahrheit der göttlichen Offenbarung. Auf dem II. Vatikanum war vielen Bischöfen insbesondere aus dem von drei totalitären Systemen und zwei Weltkriegen zerrütteten Europa bewusst, dass die Zeit um die Mitte des 20. Jahrhunderts als Zeit eines verstörenden Schweigens empfunden wurde – eines Schweigens, das auf einen Kosmos ohne Sinn und Bedeutung hinzuweisen schien. Angesichts einer von vielen Kulturschaffenden wahrgenommenen Leere betonten die Bischöfe des Zweiten Vatikanischen Konzils, dass Gott das Schweigen durchbrochen hat: dass Gott in der Vergangenheit zur Menschheit gesprochen hat und dass Gott auch in der Gegenwart nach wie vor zur Menschheit spricht. Gott hat das Schweigen durchbrochen: Zuerst hat er sich in Wort und Tat seinem Volk Israel geoffenbart, und später hat Gott ein endgültiges Wort in die Geschichte hineingesprochen, als er sich in der Person des Sohnes, der zweiten Person der Dreifaltigkeit, offenbarte, der als Jesus von Nazaret, Sohn Mariens und Sohn Gottes, Mensch wurde.

In den Jahrzehnten vor dem II. Vatikanum debattierten katholische Theologen mit ihren protestantischen Akademikerkollegen über eine Frage, die von den verschiedenen Reformationen des 16. Jahrhunderts aufgeworfen worden war: Gibt es nur eine »Quelle« der göttlichen Offenbarung, die Schrift, oder gibt es zwei Quellen, die Schrift und die Tradition? Die Väter des II. Vatikanums lehrten, dass die eine »Quelle« der Offenbarung Gott selbst ist, der sowohl durch die Heilige Schrift als auch durch die Heilige Überlieferung zur Menschheit gesprochen und dabei Wahrheiten verkündet hat, die für alle Zeiten und an allen Orten gültig und damit für alle Zeiten und alle Orte verbindlich sind.

Zum jetzigen Zeitpunkt in der Geschichte des Katholizismus, in der einige die Auffassung vertreten, dass sich nicht etwa die Geschichte an Gottes Offenbarung, sondern Gottes Offenbarung am Fluss der Geschichte und an unserer gegenwärtigen Erfahrung messen lassen müsse, ist es wichtig, daran zu erinnern, mit welchem Nachdruck das Zweite Vatikanische Konzil die Wirklichkeit und Wahrheit der göttlichen Offenbarung bekräftigt hat. Im zweiten Kapitel der Konstitution *Dei verbum* schrieben die Konzilsväter:

>»Was Gott zum Heil aller Völker geoffenbart hatte, das sollte, so hat er in Güte verfügt – für alle Zeiten unversehrt erhalten bleiben und allen Geschlechtern weitergegeben werden. Darum hat Christus, der Herr, in dem

die ganze Offenbarung des höchsten Gottes sich vollendet (vgl. 2 Kor 1,20; 3,16–4,6), den Aposteln geboten, das Evangelium, das er als die Erfüllung der früher ergangenen prophetischen Verheißung selbst gebracht und persönlich öffentlich verkündet hat, allen zu predigen als die Quelle jeglicher Heilswahrheit und Sittenlehre und ihnen so göttliche Gaben mitzuteilen. Das ist treu ausgeführt worden, und zwar sowohl durch die Apostel, die durch mündliche Predigt, durch Beispiel und Einrichtungen weitergaben, was sie aus Christi Mund, im Umgang mit ihm und durch seine Werke empfangen oder was sie unter der Eingebung des Heiligen Geistes gelernt hatten, als auch durch jene Apostel und apostolischen Männer, die unter der Inspiration des gleichen Heiligen Geistes die Botschaft vom Heil niederschrieben […].

Die Heilige Überlieferung und die Heilige Schrift sind eng miteinander verbunden und haben aneinander Anteil. Demselben göttlichen Quell entspringend, fließen beide gewissermaßen in eins zusammen und streben demselben Ziel zu. Denn die Heilige Schrift ist Gottes Rede, insofern sie unter dem Anhauch des Heiligen Geistes schriftlich aufgezeichnet wurde. Die Heilige Überlieferung aber gibt das Wort Gottes, das von Christus, dem Herrn, und vom Heiligen Geist den Aposteln anvertraut wurde, unversehrt an deren Nachfolger weiter […].

Die Heilige Überlieferung und die Heilige Schrift bilden den einen der Kirche überlassenen heiligen Schatz des Wortes Gottes.«[10]

Die beiden grundlegenden Texte des II. Vaticanums

Deshalb müssen *Lumen gentium* und *Dei verbum*, die beiden grundlegenden Texte des Zweiten Vatikanischen Konzils, zusammen gelesen werden. Ohne den übernatürlichen Glauben an die göttliche Offenbarung kann die Kirche sich selbst nicht richtig verstehen und kann sie auch über ihr Leben und ihren Auftrag nicht richtig verfügen. Die Kirche bringt diesen Glauben zum Ausdruck, indem sie die Schrift als das Wort Gottes verkündet, und im Gehorsam gegenüber den Wahrheiten, die das kirchliche Lehramt als bleibende Bestandteile der kirchlichen Überlieferung definiert.

Der nächste Papst muss dies verstehen und es die ganze Weltkirche lehren.

Der nächste Papst

Viele neuere Diskussionen in der katholischen Kirche einschließlich der Debatten vor, während und nach den Synoden von 2014, 2015 und 2018 und während der Sonderversammlung der Bischofssynode für die Pan-Amazonas-Region waren im Grunde genommen Debatten über die Wahrheit und Verbindlichkeit der Offenbarung. Sind die Worte Jesu, des Herrn, über das Wesen der Ehe und ihre Unauflöslichkeit auch heute noch wahr und verbindlich? Oder gibt unsere Erfahrung der Zerbrechlichkeit der Ehe in der zeitgenössischen Gesellschaft uns das Recht, etwas an der Lehre Jesu nachzujustieren oder sogar zu korrigieren? Sind die Worte und Bestimmungen des heiligen Paulus über den würdigen Empfang der heiligen Kommunion auch heute noch wahr und verbindlich? Oder gibt unsere historische Situation uns das Recht, etwas an der Lehre des heiligen Paulus nachzujustieren oder zu korrigieren? Sind die Lehren Jesu, des Herrn, und des heiligen Paulus über die Ethik der menschlichen Liebe und darüber, wie eine

Liebe beschaffen sein muss, damit daraus Glück und Seligkeit erwachsen, auch heute noch wahr und verbindlich? Oder gibt uns die sexuelle Revolution das Recht, uns in diesen Dingen für kompetenter zu halten als Jesus, der Herr, der heilige Paulus und die seit zwei Jahrtausenden unveränderte Lehre der Kirche? Gilt der große Sendungsauftrag, hinauszugehen und alle Völker zu Jüngern zu machen, auch in Bezug auf indigene Bevölkerungen?

In diesen und ähnlichen Debatten geht es nicht um »Politik«. Es geht um die Wahrheit der göttlichen Offenbarung. Und es ist wichtig, sich klarzumachen, dass solche Debatten typischerweise an bestimmten soziologischen und historischen Orten aufkommen.

Diejenigen, die die Auffassung vertreten, die Offenbarung müsse sich an der Geschichte messen lassen und die Kirche könne an den Lehren Jesu, des Herrn, und des Völkerapostels sozusagen Verbesserungen vornehmen, kommen hauptsächlich aus älteren Ortskirchen, die die kulturellen Angriffe auf den Katholizismus – angefangen bei den europäischen Aufklärungsbewegungen des 19. Jahrhunderts – mit voller Wucht abbekommen haben: katholische Gemeinschaften, insbesondere im deutschsprachigen Raum, deren liberale protestantische Nachbarn sich schon längst von der Vorstellung einer über die Zeit verbindlichen göttlichen Offenbarung verabschiedet haben. Diese soziologische und historische Tatsache legt (sosehr sich der eine oder andere auch dagegen sträuben mag) die Schlussfolgerung nahe, dass Männer der Kirche, die vorschlagen, die Offenbarung so anzupassen, dass sie sich in ein zeitgenössisches kulturelles Muster einfügt, im Grunde an einem Mangel an Glauben an den Sohn Gottes leiden. Sie sind auch nicht überzeugt von der Möglichkeit, den Herrn Jesus als Sohn Gottes zu verkünden, und versagen deshalb darin, die Freundschaft mit Jesus Christus als Antwort auf die tiefsten Sehnsüchte des menschlichen Herzens anzubieten. Darauf folgt in kurzer Zeit die Anpassung an die kulturellen Sitten und Gebräuche der umgebenden Gesellschaft. So gibt es ein weit hergeholtes Bestreben, diese Sitten und Gebräuche »einzuweihen«. Und ebenso bestehen implizite oder explizite Anstrengungen, die Kirche zu einer Freiwilligenorganisation umzudefinieren, die sich karitativ in der Gesellschaft engagiert.

Im Gegensatz dazu kommt das stärkste Bekenntnis zur Verteidigung der Wahrheit und der verbindlichen Autorität der Offenbarung in den katholischen Debatten der letzten Jahre aus den jüngeren afrikanischen Ortskirchen und aus jenen Teilen der westlichen Kirche, die die Neuevangelisierung als den Königsweg der Kirche für das 21. Jahrhundert und das dritte Jahrtausend verwirklichen. Wo der Glaube an Christus stark ist und wo dieser Glaube mit Eifer als wahrhaft befreiend verkündet wird, dort erscheinen die Wahrheiten der Offenbarung als die Magna Charta des menschlichen Glücks: als Weg zu Gotteserkenntnis und ewigem Leben. Und ausgehend von dieser Verkündigung der Wahrheit Gottes in Christus folgt der echte Dienst für die Gesellschaft.

Die katholische Kirche der Neuevangelisierung – welche die katholische Kirche der Wahrheit der Offenbarung ist – ist lebendig. Die katholische Kirche der kulturellen Anpassung – die Kirche, die sich der Wahrheit der Offenbarung nicht sicher und daher unfähig ist, das Evangelium furchtlos zu verkünden – liegt im Sterben oder ist bereits tot.

Dies muss der nächste Papst verstehen.

36

Diese empirischen Fakten über die Situation des Katholizismus im 21. Jahrhundert unterstreichen die Wahrheit dessen, was *Lumen gentium* und die Väter des II. Vatikanums gelehrt haben: die Kirche – deren Mitte Christus ist: »Von ihm kommen wir, durch ihn leben wir, zu ihm streben wir hin«[11] – ist eine sakramentale Gnadengemeinschaft, in der alle dazu aufgerufen sind, das Evangelium zu verkünden. Anders ausgedrückt: Die katholische Kirche ist keine weitere NGO (Nichtregierungsorganisation) wie so viele andere Institutionen auf der heutigen Weltbühne.

NGOs leisten auf den verschiedensten Gebieten eine wichtige Arbeit. Die Geschichte des 20. Jahrhunderts erinnert uns mit Nachdruck daran, dass eine gesunde Zivilgesellschaft mit blühenden Nichtregierungsorganisationen und natürlichen menschlichen Gemeinschaften wie der Familie eine wesentliche Voraussetzung für Freiheit, Wohlstand und Solidarität ist. Der Gegenentwurf ist die niedergewalzte soziale Landschaft des Totalitarismus und seiner Begleiterscheinung, der Tyrannei.

Dennoch kann die katholische Kirche sich nicht als NGO definieren. Wenn sie das tut, werden – obwohl sie auf beträchtliche finanzielle Ressourcen und eine umfangreiche bürokratische Infrastruktur zurückgreifen kann – ihre evangelikalen Arterien sich verhärten. Die toleranteren Bereiche der postmodernen westlichen Kultur sind bereit, mit einer als NGO verstandenen katholischen Kirche zu leben, und sie drängen die Kirche sogar häufig in diese Richtung. Zunehmend schwer fällt es der postmodernen westlichen Kultur jedoch, eine katholische Kirche zu tolerieren, die – ohne Aggression, jedoch auch ohne Rechtfertigung – Jesus Christus als den Herrn und Erlöser und sein Evangelium als die Wahrheit der Welt verkündet. Unter diesem kulturellen (und politischen und gesetzlichen) Druck sind Katholiken, die ihr Vertrauen in die lebensverändernde Kraft des Evangeliums verloren haben, versucht, die Kirche auf eine NGO zu reduzieren – und sie sind dieser Versuchung oft erlegen. Wer sich so verhält, beweist jedoch einen mangelnden Glauben an das Evangelium, das der heilige Paulus in Röm 1,16 als »eine Kraft Gottes zur Rettung für jeden, der glaubt«, verkündet hat.

Die wichtigste Debatte in der katholischen Kirche im dritten Jahrzehnt des 21. Jahrhunderts dreht sich nicht um die Frage, ob das Zweite Vatikanische Konzil eine kluge oder eine dumme Idee gewesen ist. Diese Debatte seriös zu führen, wird erst in einigen Hundert Jahren möglich sein. Dann wird sich herausgestellt haben, ob das II. Vatikanum eine Neuauflage des V. Laterankonzils, eines Reformkonzils im frühen 16. Jahrhundert, dem es nicht gelungen ist, die Kirche mit neuer Kraft auf die Evangelisierung und den Missionsauftrag auszurichten, oder eine Neuauflage des Tridentinischen Konzils gewesen ist: eines Reformkonzils, das die Kirche mit Erfolg im Sinne der Wahrheiten des Evangeliums erneuert und gewaltige missionarische Energien freigesetzt hat.

Die wichtigste Debatte in der katholischen Kirche von heute ist eine Debatte, die 1964 und 1965 während der beiden letzten Sitzungsperioden des II. Vatikanums begonnen und die sich bis heute fortgesetzt hat: die Debatte über die Frage, ob das II. Vatikanum ein Konzil der Kontinuität mit der Offenbarung und der Überlieferung oder ein Konzil des Bruchs und der Diskontinuität gewesen ist, auf dem die Kirche sich im Wesentlichen neu erfunden hat.

Die Texte des II. Vatikanums beweisen, dass die Konzilsväter sowohl die Mahnung Johannes' XXIII., den katholischen Glauben in seiner Fülle unversehrt zu bewahren, als auch seine Herausforderung beherzigt haben, für diesen Glauben Ausdrucksformen zu finden, die auch von den heutigen Menschen aufgenommen werden. Die lebendigen Teile der katholischen Kirche sind diejenigen, die den Weg der Erneuerung in Kontinuität mit der Offenbarung und der Überlieferung beschritten haben. Die sterbenden Teile der Kirche sind diejenigen, die darauf bestehen, dass das II. Vatikanum einen »Paradigmenwechsel« vollzogen habe – so als ob zwischen dem 11. Oktober 1962 und dem 8. Dezember 1965 in der katholischen Kirche etwas geschehen wäre, das die gleiche Bedeutung hätte wie der Beweis des Kopernikus, dass die Erde nicht das Zentrum des Sonnensystems ist, sondern sich um die Sonne dreht. Diese Wende – von der ptolemäischen zur kopernikanischen Kosmologie – war ein echter »Paradigmenwechsel«, ein radikaler Bruch mit der Vergangenheit und der Beginn eines anderen Weges in die Zukunft.

Die katholische Kirche vollzieht keine Paradigmenwechsel, denn Jesus Christus – »derselbe gestern und heute und in Ewigkeit« (Hebr 13,8) – ist *immer* das Zentrum der Kirche. Es gibt keine Evangelisierung, die nicht mit dieser Überzeugung beginnt. Und auch keine Zukunft des Katholischen.

Der nächste Papst muss all dies verstehen und er muss entschlossen sein, eine christuszentrierten Kirche zu führen, die das Werk der Evangelisierung durchführt. Der nächste Papst muss die Kraft des Evangeliums in seinem eigenen Leben sichtbar werden lassen. Und der nächste

Papst muss verstehen, dass das Werk der Evangelisierung nur dann erfolgreich sein kann, wenn das Evangelium in seiner ganzen Fülle verkündet wird. Diese Verkündigung muss in uneingeschränktem Respekt vor der menschlichen Freiheit und mit einem mitfühlenden Verständnis für jene Vielschichtigkeiten des menschlichen Herzens erfolgen, über die der Prophet Jeremia vor rund 2600 Jahren geschrieben hat. Aber sie muss erfolgen, diese Verkündigung des Evangeliums – und zwar in seiner ganzen Fülle.

Der nächste Papst
und das Petrusamt

Simon, Simon [...]. Ich aber habe für dich gebetet, dass dein Glaube nicht erlischt. Und wenn du wieder umgekehrt bist, dann stärke deine Brüder!

Lk 22,31–32

Der nächste Papst muss das Wesen des Petrusamtes und seine Aufgaben in der Kirche der Neuevangelisierung klar vor Augen haben.

Wie alles andere in der Kirche steht auch das Petrusamt – das einzigartige geistliche Amt des Bischofs von Rom – im Dienst des Evangeliums und seiner Verkündigung. Papst Johannes Paul II. nutzte die Messe zur Feier seiner Amtseinführung 1978 für eine denkwürdige Lehrstunde über diese uralte Wahrheit. In den lebendigen Teilen des weltweiten Katholizismus hallt ihr Echo noch heute nach.

Am 22. Oktober 1978 stand die Kirche noch unter dem Schock, dass Papst Johannes Paul I. nur 33 Tage nach seiner Wahl völlig unerwartet gestorben war. Die Welt war – im besten Fall – skeptisch hinsichtlich der päpstlichen Führungsmöglichkeiten. Und die römische Kurie war fassungslos, weil zum ersten Mal seit 455 Jahren ein Nichtitaliener zum Papst gewählt worden war. Doch am Ende der Papstmesse an jenem Tag wusste die Welt, wusste die Kirche und wusste die Kurie, dass sich etwas verändert hatte – und zwar dramatisch. Der französische Journalist André Frossard brachte die Besonderheit dieses Augenblicks treffend auf den Punkt, als er seiner Zeitungsredaktion in Paris schrieb: »Das ist kein Papst aus Polen, das ist ein Papst aus Galiläa.«

Was hat Johannes Paul II. in diesen drei Stunden getan?

Er hatte die Kraft des Evangeliums in seinem eigenen Leben sichtbar werden lassen, indem er ohne Zögern erklärte, dass Jesus Christus der Herr ist, der Einzige, der die tiefsten Sehnsüchte des menschlichen Herzens kennt und zu stillen vermag. Die ersten Worte seiner vor einer riesigen Menschenmenge auf dem Petersplatz und vor Millionen Fernsehzuschauern gehaltenen Predigt waren eine mutige Wiederholung des Glaubensbekenntnisses, das Simon Petrus in Caesarea Philippi abgelegt hatte: »Du bist der Christus, der Sohn des lebendigen Gottes!« (Mt 16,16). Aus diesem göttlich inspirierten Glaubensbekenntnis, so Johannes Paul II., ist das Petrusamt hervorgegangen.

Er hatte die Kraft des Evangeliums verkündet, um das Antlitz Gottes als des barmherzigen Vaters und gleichzeitig die Größe unserer menschlichen Natur zu offenbaren. Denn Christus, so seine Worte, hatte der Menschheit das »Geheimnis des lebendigen Gottes« nahegebracht und uns zugleich »die letzte und endgültige Wahrheit« über uns selbst kundgetan.[1] Und genau das müsse die Kirche der Welt unterbreiten: »Nehmt noch einmal [...] jene Worte in euch auf«, bat er.

Er hatte die Macht des Evangeliums erklärt, indem er die Kirche und die Welt daran erinnerte, dass das Evangelium die einzige Macht ist, die die Kirche besitzt, und dass das »Geheimnis des Todes und der Auferstehung« die einzige Kraft ist, nach der die Kirche streben sollte: »die uneingeschränkte und doch milde und sanfte Herrschaft des Herrn«, eine Herrschaft, die Antwort ist »auf das Tiefste im Menschen, auf die höchsten Erwartungen seines Verstandes, seines Willens und Herzens«.[2]

Er hatte die Macht des Evangeliums verkörpert, indem er die Kirche daran erinnerte, dass Führen im katholischen Sinne Dienen bedeutet: Dienen, wie es dem Willen Christi entspricht. Das hatte Christus die Apostel gelehrt, als er ihnen beim letzten Abendmahl die Füße wusch (vgl. Joh 13,1–20), und das lehrte Christus die Bischöfe und den Papst von heute. Und so betete er vor aller Welt und vor der Kirche: »Christus! Lass mich ganz Diener deiner alleinigen Herrschaft werden und sein! Diener deiner sanften Herrschaft! Diener deiner Herrschaft, die keinen Untergang kennt! Lass mich Diener sein! Mehr noch ein Diener deiner Diener!«[3]

Und er hatte die Welt dazu herausgefordert, die Macht des Evangeliums zu erfahren und sich so von den Ängsten zu befreien, die die Türen des Herzens und des Verstandes vor Gott verschlossen hielten: »Habt keine Angst, Christus aufzunehmen und seine Herrschergewalt anzuerkennen! Helft dem Papst und allen, die Christus und mit der Herrschaft Christi dem Menschen und der ganzen Menschheit dienen wollen! Habt keine Angst! Öffnet, ja reißt die Tore weit auf für Christus! Öffnet die Grenzen der Staaten, die wirtschaftlichen und politischen Systeme, die weiten Bereiche der Kultur, der Zivilisation und des Fortschritts seiner rettenden Macht! Habt keine Angst!«[4]

Zwei Jahrzehnte später sollte derselbe »Papst aus Galiläa« die Kirche zum Abschluss des Heiligen Jahres 2000 drängen, aufs tiefe Wasser der Neuevangelisierung hinauszufahren. Implizit hatte der 263. Nachfolger des heiligen Petrus diesen Abschiedsauftrag schon in der allerersten Predigt formuliert, die er als Papst gehalten hatte. Die Wiederbelebung der galiläischen Erfahrung war der wegweisende Entwurf für den Missionsauftrag der Kirche im 21. Jahrhundert und dritten Jahrtausend.

Auch wenn Kanon 1404 des *Codex des Kanonischen Rechts* festschreibt: »Der Papst kann von niemandem vor Gericht gezogen werden«[5], steht der Bischof von Rom, der als Nachfolger des heiligen Petrus diesen Heiligen Stuhl leitet, nicht über dem Evangelium oder der Kirche. Und das Petrusamt in der Kirche lässt sich auch nicht mit der Stellung eines absolutistischen Zaren oder Diktators vergleichen.

Gegen Ende der Arbeiten an der Dogmatischen Konstitution über die Kirche schlug Papst Paul VI. den Vätern des Zweiten Vatikanischen Konzils vor, dass *Lumen gentium* einen Satz enthalten solle, demzufolge der Papst »dem Herrn allein Rechenschaft schuldet«.[6] Die Theologische Kommission des Konzils, der einige sehr altmodische Theologen angehörten, wies die Formulierung zurück. Der römische Pontifex, so die Kommission, sei »auch durch die Offenbarung, die grundlegende Struktur der Kirche, die Sakramente, die Entscheidungen der vorhergehenden Konzilien und andere Verpflichtungen gebunden, die zu zahlreich sind, um sie hier zu erwähnen«.[7] Somit wäre es ein schwerwiegender Fehler, sich das Papsttum als *autoritäres* Amt vorzustellen, kraft dessen der Papst absolutistische Entscheidungen trifft, die seinen persönlichen Willen widerspiegeln. Das Petrusamt ist vielmehr ein *autoritatives* Amt, dessen Inhaber der Hüter einer *autoritativen*

44

Überlieferung ist. Er ist nicht der Herr, sondern der Diener dieser Überlieferung, dieses Korpus aus Lehre und Praxis.

Sowohl die umfangreiche Autorität seines Amtes als auch die Grenzen zu erkennen, innerhalb derer diese Autorität ausgeübt werden muss, ist für jeden Papst eine Herausforderung und wird dies auch für den nächsten Papst sein. Eine Möglichkeit, mit dieser Herausforderung umzugehen, wird für den nächsten Papst darin bestehen, ernsthafte und respektvolle Fragen und Kritiken aufzugreifen und zu beantworten, die von jenen aufgeworfen werden, die sich mit ihm um die Kirche sorgen und sich für sie verantwortlich fühlen – in erster Linie seinen Brüdern im Bischofsamt, die, wenn nötig, den Mut aufbringen müssen, für ihn dasselbe zu tun, was Paulus, wie er selbst im Galaterbrief bezeugt (vgl. Gal 2,11), für Petrus getan hat: ihn brüderlich zurechtzuweisen.

Im 21. Kapitel des Johannesevangeliums fordert der auferstandene Herr Petrus dreimal heraus: »Liebst du mich mehr als diese? […] Liebst du mich? […] Liebst du mich?« (V. 15–17). Es ist verlockend, darin eine Reaktion auf Petri dreifache Verleugnung Jesu nach dessen Verhaftung zu sehen: Petrus, der seinen Herrn dreimal verleugnet hat, muss nun dreimal seinen Glauben bekennen. Eine tiefere Lesart dieser Begegnung legt jedoch eine andere Deutung nahe: Petrus wird gefragt, ob er »mehr als diese« sich seiner selbst entäußern kann, um die Herde des Herrn als ihr oberster Hirte zu hüten. Alle, die in der katholischen Kirche zu Priestern und Bischöfen geweiht werden, sind aufgefordert, sich ihrer selbst zu entäußern, um für die Kirche und die Welt ein zweiter Christus zu sein. Es gehört zum Wesen des Petrusamtes – so deutet es diese Szene aus dem Johannesevangelium an –, dass der Papst mehr als alle anderen sich seiner selbst entäußern muss. Um sein Amt als universaler »Diener der Diener Gottes« auszuüben (dieser Papsttitel geht auf Papst Gregor den Großen zurück), muss der Nachfolger Petri offen sein für das Wirken der göttlichen Gnade in seinem Leben, damit er sich seiner so stark entäußern kann, wie dies einem Menschen nur irgend möglich ist.

Dieses Sich-seiner-selbst-Entäußern zeigt sich auch noch in einem anderen Aspekt des Papsttums, der Annahme eines neuen Namens des Papstes.

Die Tradition, dass der Papst einen neuen Namen annimmt, geht auf den römischen Priester Mercurius zurück, der im Jahr 533 zum Bischof von Rom gewählt wurde und es für unpassend hielt, als Papst den Namen einer heidnischen Gottheit zu führen. Deshalb übernahm Mercurius zu Ehren eines seiner Amtsvorgänger, der den Märtyrertod erlitten hatte, den Papstnamen »Johannes II.«. Doch genau wie die Geschichte von Jesus und Petrus am Ufer des Sees von Tiberias hat auch diese Tradition eine tiefere Bedeutung. Dass der Bischof von Rom einen neuen Namen annimmt, versinnbildlicht die Tatsache, dass er als universaler Hirte der Kirche nicht mehr sich selbst, nicht mehr seiner früheren Diözese, nicht mehr seinem früheren Orden und auch nicht dem Land angehört, aus dem er stammte.

Aus diesen Wirklichkeiten des Petrusamtes, die uns in der Schrift und in der Tradition erschlossen werden, ergeben sich mehrere Konsequenzen, derer sich der nächste Papst bewusst sein muss.

Um deutlich zu machen, dass er keinem irdischen Souverän unterworfen, sondern selbst ein Souverän eigenen Rechts ist, sollte der nächste Papst unmittelbar nach seiner Wahl seinen Pass und andere Nachweise seiner nationalen Zugehörigkeit an die öffentlichen Behörden seines Herkunftslandes zurückgeben. Die vatikanische Diplomatie hat über hundert Jahre lang beharrlich daran gearbeitet, die Unabhängigkeit des Petrusamtes von weltlichen Mächten zu gewährleisten. Die Päpste müssen diesen Punkt durch ihr Verhalten bekräftigen.

In gleicher Weise kann sich ein Papst auch nicht, selbst in seiner pastoralen Arbeit, von seinem Amt lösen, als wäre er manchmal »Papst X« und manchmal »Priester Y«. Solange ein Mann das Petrusamt innehat, ist er immer und überall ausschließlich »Papst X«.

Ferner stellt die Einzigartigkeit des Petrusamtes hohe Erwartungen an die Selbstdisziplin des Mannes, der es innehat. Deshalb muss der nächste Papst darauf achten, sich nicht so zu äußern, dass seine persönliche Meinung mit der offiziellen Lehre der Kirche verwechselt wird. Ein päpstlicher Sinn für Humor ist hochwillkommen – und ebenso hochwillkommen ist eine selbstdisziplinierte Rücksicht auf das, was das Ansehen des Papstes betrifft.

Johannes Paul II. und sein Pressesprecher, Joaquín Navarro-Valls, haben bewiesen, dass das, was Navarro als die »Dialektik« zwischen dem Petrusamt und der Presse bezeichnete, der evangelikalen Sendung der Kirche förderlich sein kann. Mit einem ausreichenden Maß an harter Arbeit und Geschick vermag das Presseamt des Heiligen Stuhls der Stimme des Bischofs von Rom eine größere Reichweite zu verleihen, sodass er das Gebot des Herrn erfüllen und »seine Brüder stärken« kann (vgl. Lk 22,32).

Diese Interaktion sollte jedoch immer evangelikalen und pastoralen Zwecken dienen. Deshalb sollte der nächste Papst, wenn er mit den Medien interagiert, darauf achten, nie auf sich selbst, sondern immer über sich selbst hinaus auf Christus und das Evangelium zu verweisen. Theoretisch können päpstliche Pressekonferenzen nützlich sein; es besteht jedoch die Gefahr – die der nächste Papst sorgfältig abwägen sollte –, dass damit Klischees bedient werden, die den Bischof von Rom als Supermanager einer internationalen NGO darstellen. Überdies kann es sich für die Neuevangelisierung nachteilig auswirken, wenn der Papst sich in der medial (und digital) geprägten Welt des 21. Jahrhunderts so oft zu Wort meldet, dass die eigentliche Botschaft des Bischofs von Rom, des »ersten Zeugen« des Evangeliums, und seine Autorität darüber an Wirkung verlieren. Dieselbe Abschwächung des Zeugnisses kann sich einstellen, wenn ein Papst derart harsche Aussagen über andere trifft, dass er damit sowohl seiner eigenen christlichen Würde als auch der Würde derer Abbruch tut, die er kritisiert.

Als »erster Zeuge« der Kirche muss der Papst auch darauf achten, dass sein einzigartiges Zeugnis nicht mit den Programmen derjenigen verwechselt wird, die die Autorität und das Image des Petrusamtes für ihre eigenen Ziele vereinnahmen wollen. Dass ein Papst in dieser Hinsicht Selbstdisziplin übt, ist in Zeiten des Internets und der sozialen Netzwerke besonders wichtig, da es für sozial engagierte Aktivisten oder Politiker vergleichsweise leicht ist, ein schnelles Papst-Selfie für ihre eigenen Zwecke einzusetzen – die vielleicht nicht den Zielen der Kirche oder des Evangeliums entsprechen. Die Notwendigkeit päpstlicher Selbstdisziplin legt es auch nahe, Absprachen

aufzukündigen, aufgrund derer bestimmte Pressevertre-
ter behaupten können, »die Sichtweise des Vatikans wie-
derzugeben«. Nur der Papst und sein offizieller Pressever-
treter sollten diesen Anspruch erheben, denn nur sie sind
dazu bevollmächtigt.

Damit soll nicht angedeutet werden, dass der nächste
Papst und seine Nachfolger außer zu wichtigen liturgischen oder zeremoniellen Anlässen von der öffentlichen
Bildfläche verschwinden sollten. Es soll nur nahegelegt
werden, dass ein tieferes Nachdenken über das Verhältnis
zwischen der öffentlichen Präsenz des Papstes (einschließlich seiner Medienpräsenz) und der Neuevangelisierung
vonnöten ist.

Dann stellt sich noch die Frage nach der päpstlichen Wohnung.

Die Päpste haben im Lauf der Jahrhunderte an unterschiedlichen Orten gewohnt: im Lateranpalast (der heute
die Behörden der Diözese Rom beherbergt), auf dem Qui-
rinal (wo sich heute der Amtssitz des italienischen Präsi-
denten befindet), im Apostolischen Palast im Vatikan und
im vatikanischen Gästehaus, das unter dem Namen *Domus
Sanctae Marthae* bekannt ist. Ungeachtet aller Legenden
(und Filme) ist die päpstliche Wohnung im Apostolischen
Palast nicht mit einer Renaissancepracht ausgestattet, sondern sie ähnelt einem durchschnittlichen Zuhause der italienischen Mittelschicht. Wo der Papst lebt, ist jedoch gar
nicht so entscheidend. Entscheidend ist, *wie* der Papst lebt:
Lebt er im Austausch mit vielen unterschiedlichen Personen, oder nicht?

Um der »erste Zeuge« der Kirche zu sein, muss der
Papst über die vielfältigen Situationen informiert sein, mit

denen sich die Ortskirchen konfrontiert sehen. Ferner ist es bei der Ausübung seines Amtes hilfreich, wenn er umfassend mit dem Kirchenvolk und seinen Hirten vertraut ist. Da die Kirche zu einer Gemeinschaft von über einer Milliarde Seelen herangewachsen ist, hat die Komplexität der Informationen, die ein Papst aufnehmen muss, damit er weiß, wie er »seine Brüder stärken« kann, exponentiell zugenommen. Natürlich kann niemand alles wissen, was ein Papst wissen muss, und deshalb hat der Papst einen Mitarbeiterstab: die römische Kurie. Dennoch bringt es die Universalität des päpstlichen Hirtenamts mit sich, dass das Kirchenoberhaupt bis zu einem gewissen Grad mit vielen verschiedenen kirchlichen Milieus vertraut sein muss, um der Weltkirche als ihr Hirte effizient zu dienen. Und das wiederum bedeutet, dass er in regelmäßigem Austausch mit jenen stehen muss, die ihrem Gewissen folgen und ihm mitteilen, was er ihrer Meinung nach wissen sollte.

Der Papst wird immer ein Mann mit einem bestimmten Hintergrund und einer Bildung sein, die die Art seiner Amtsausübung maßgeblich prägen. Ein Papst, der sich jedoch allzu sehr oder sogar ausschließlich auf sein eigenes, vorpäpstliches Wissen verlässt, wird sein Petrusamt eher weniger gut ausüben. Und wenn ein Papst sich allzu sehr oder sogar ausschließlich auf Informationen aus »Insiderquellen« wie dem päpstlichen diplomatischen Dienst und der römischen Kurie verlässt – wo Informationen typischerweise auf eingefahrenen bürokratischen Bahnen erfasst und weitergegeben werden –, wird er ebenfalls gehandicapt sein. Papst Pius XI., ein Mann von harscher Gemütsart, der sich nicht scheute, den *Pluralis Majestatis* zu verwenden, soll einmal in einem Anfall von Verzweiflung ausgerufen haben: »Müssen Wir unser Leben damit zubringen, Uns Dinge anzuhören, die Wir schon wissen?« Abgesehen von seinem Ärger ist genau dieser Wissensdurst wichtig für ein Papsttum, das die Neuevangelisierung voranbringen will.

Der nächste Papst muss daran arbeiten, die Einheit der Kirche in einer Zeit zu stärken, in der diese Einheit durch zentrifugale Kräfte im öffentlichen kulturellen Umfeld der westlichen Welt und innerhalb der Kirche selbst bedroht ist. Seit Papst Paul VI. 1965 mit dem Apostolischen Schreiben *Apostolica sollicitudo* (»Die apostolische Sorge«) die Bischofssynode für die ganze Kirche eingesetzt hat, wird in der Kirche darüber diskutiert, was »Synodalität« bedeutet. In den katholischen Ostkirchen hat »Synodalität« aufgrund ihrer individuellen Geschichte eine eigene Bedeutung und bezieht sich auf die Art und Weise, wie die Bischöfe dieser Kirchen ihr Leitungsamt ausüben. Im Katholizismus des lateinischen Ritus ist »Synodalität« jedoch ein vergleichsweise neues Konzept. Seine eigentliche Bedeutung und angemessene Ausdrucksform zu finden, war im letzten halben Jahrhundert nicht einfach. Und wahrscheinlich wird die Diskussion darüber, was Synodalität in der universalen Kirche bedeutet, uns noch eine ganze Zeit lang beschäftigen.

Der nächste Papst muss die Grenzen dieser Diskussion festlegen und sie demzufolge näher erläutern.

Was immer »Synodalität« bedeuten mag, es bedeutet nicht und kann nicht bedeuten, dass die katholische Kirche ein globaler Zusammenschluss von Ortskirchen ist, von denen jede einen legitimen Anspruch auf ein eigenes dogmatisches, moralisches und pastorales Profil erheben kann. Das ist Anglikanismus, kein Katholizismus. Und die katastrophalen Folgen dieses lokal-optionalen Christentums in der anglikanischen Gemeinschaft sollten jeden Katholiken – und erst recht jeden Papst – nachdenklich stimmen, der meint, eine drastische »Dezentralisierung« der dogmatischen und moralischen Autorität in der Kirche sei in pastoraler Hinsicht wirkungsvoll und in evangelikaler Hinsicht fruchtbar.

Viele Strömungen der Gegenwartskultur, insbesondere des Westens, wirken wie Zentrifugalkräfte, die die Ortskirchen in ihre eigenen kirchlichen Umlaufbahnen katapultieren. Besonders deutlich zeigt sich dies im 21. Jahrhundert in der deutschsprachigen katholischen Welt, doch das Phänomen beschränkt sich nicht auf Deutschland, Österreich und die deutschsprachigen Teile der Schweiz. Deshalb muss der nächste Papst bestrebt sein, die Einheit der Kirche zu stärken, indem er sein Lehr- und Leitungsamt so ausübt, dass er den theologischen Vorrang der universalen Kirche im Selbstverständnis der katholischen Kirche hervorhebt. Das wird unter anderem bedeuten, dass keine päpstliche Entscheidung, die die gesamte Kirche betrifft, auf der Grundlage besonderer Vor-Ort-Situationen gefällt und dass in Fragen, die alle betreffen, die Weltkirche zurate gezogen wird.

Gleichzeitig muss der nächste Papst Ortskirchen, die ihre Besorgnis um die besonderen Situationen, mit denen sie sich konfrontiert sehen, auf Abwege und de facto in die Apostasie geführt hat, in eine erneuerte und reformierte Beziehung zur universalen Kirche, ihrer Lehre und ihrer pastoralen Praxis zurückrufen.

Dass der Papst der erste Zeuge der Kirche für Christus und das Evangelium ist, entspricht nach der katholischen Lehre dem Willen Christi. Und es entspricht ebenfalls dem

Willen Christi, dass all seine Jünger Zeugen und Evangelisten sein sollen. Das bedeutet, dass der Papst zwar der erste, aber nicht der einzige Zeuge der Kirche ist. Und es obliegt seiner Verantwortung, alles ihm Mögliche zu unternehmen, um andere zu ermutigen, damit sie ihrer Verantwortung als Zeugen für das Evangelium und seiner Kraft gerecht werden.

Heute stehen der Papst und das Papsttum im Zentrum der katholischen Gedankenwelt. Das war nicht immer der Fall. Vor Papst Pius IX., der von 1846 bis 1878 als Bischof von Rom im Dienst der Kirche stand, hatten die meisten Katholiken kaum eine Ahnung davon, wer »der Papst« war, geschweige denn, was er sagte oder tat. Dank der Entwicklung der Massenmedien, der Drangsal, die Papst Pius IX. erlitt, als sich das neue Königreich Italien den Kirchenstaat einverleibte, der vielen Heiligen Jahre, die er im Lauf seiner langen Amtszeit feierte (und die Scharen von Pilgern nach Rom brachten), und der dramatischen Entwicklungen auf dem Ersten Vatikanischen Konzil wurde Pius IX. für viele Katholiken in aller Welt eine reale Person – der erste Papst, dessen Bild die Katholiken bei sich zu Hause an die Wand hängten. Den meisten Katholiken entgingen die theologischen Feinheiten, die in dem sorgfältig formulierten Dokument des I. Vatikanums festgehalten waren, wonach der Papst unter bestimmten, genau festgelegten Bedingungen in Fragen der Glaubens- und Sittenlehre unfehlbar entscheidet. Doch die Katholiken wussten, dass sie in Pius IX. einen Papst hatten. Und von Pius IX. an kam dem Papst und dem Papsttum in der katholischen Gedankenwelt und in dem, was die Welt über die Kirche dachte, immer größere Bedeutung zu.

Dieser »päpstliche Protagonismus«, wie er von manchen genannt worden ist, hat der Kirche mehr als einmal geholfen, die Macht des Evangeliums zu entfesseln. Er war einer der Gründe, weshalb Papst Pius X. Siebenjährige zur Erstkommunion zulassen und so die geistliche Landschaft des Katholizismus schnell neu gestalten konnte. Papst Pius XI. konnte dadurch die Soziallehre Papst Leos XIII. erweitern und vertiefen und gleichzeitig drei totalitären Ideologien die Stirn bieten. Weiterhin konnte dadurch Papst Pius XII. mit den 1943 promulgierten Enzykliken *Mystici corporis Christi* (»Über den mystischen Leib Christi«) und *Divino afflante Spiritu* (»Unter der Eingebung des göttlichen Geistes«) sowie der 1947 promulgierten Enzyklika *Mediator Dei* (»Der Mittler zwischen Gott [und den Menschen]«) den intellektuellen Boden für das Zweite Vatikanische Konzil bereiten. Und auch auf die Weltgeschichte hat sich der »päpstliche Protagonismus« ausgewirkt: Das bekannteste Beispiel ist die Schlüsselrolle Johannes Pauls II. als eines Auslösers des revolutionären Bewusstseinswandels, der mit dazu beitrug, die gewaltlose politische Revolution von 1989 und den Zusammenbruch des europäischen Kommunismus zu ermöglichen.

Allerdings hat der »päpstliche Protagonismus« – das Petrusamt als Mittelpunkt der katholischen Gedankenwelt – in der Kirche auch weniger glückliche Auswirkungen gehabt.

Wenn Bischöfe sich den Papst als das Zentrum jedweder kirchlichen Initiative vorstellen, sind sie womöglich weniger darauf erpicht, ihre persönliche Verantwortung wahrzunehmen und in ihrem Volk die Kraft des Evangeliums zu entfesseln.

Wenn Bischöfe und Ordensobere den »päpstlichen Protagonismus« so interpretieren, dass sie keine Disziplinarmaßnahmen zum Besten ihrer Diözesen oder ihrer

Gemeinschaften treffen müssen, weil »Rom es schon richten wird«, dann leiden die betreffenden Ortskirchen und Ordensgemeinschaften – und es leidet die gesamte Kirche.

Außerdem kann durch den »päpstlichen Protagonismus« der – nicht zuletzt von den Medien und den sozialen Netzwerken noch verstärkte – unpassende Eindruck entstehen, dass das, was der Papst tut und sagt, zu jedem beliebigen Zeitpunkt die Bedeutung, die Arbeit und die Situation der katholischen Kirche zusammenfasse. Das trifft einfach nicht zu. Und es kann die Aufmerksamkeit von den wachsenden Teilen der Weltkirche ablenken, in denen die Kraft des Evangeliums freigesetzt ist. Wie viele Katholiken und wie viele Vertreter der Weltpresse haben in den Jahren nach dem II. Vatikanum das phänomenale Wachstum des Katholizismus in den afrikanischen Ländern südlich der Sahara und die dortige außergewöhnliche Blütezeit des Evangeliums verpasst, weil sie allzu sehr mit dem Papsttum und den damit verbundenen Kontroversen beschäftigt waren? Wie viele Katholiken bemerken leider nicht, wie viel Gutes in ihrer eigenen Ortskirche und in der Kirche überall auf der Welt geschieht, weil sie wie gebannt auf das Papsttum blicken und sich nur für das interessieren, was der Papst sagt oder tut?

Der nächste Papst muss die Position des Papsttums im Leben der Kirche des 21. Jahrhunderts neu ausbalancieren. Der Papst muss und wird die höchste Autorität der Kirche bleiben. Diese Autorität muss jedoch so ausgeübt werden, dass sie anderen und insbesondere den Bischöfen der Kirche ihr Leitungsamt erleichtert. Und die höchste Autorität muss, wenn nötig, einfordern, dass die Weisungsbefugten vor Ort ihre Verantwortung wahrnehmen, damit die Kraft des Evangeliums im ganzen Kirchenvolk sichtbar wird.

Hierbei wird es weniger um ein »geschrumpftes« als vielmehr um ein Papsttum gehen, das die anderen zur Ausübung ihrer missionarischen Jüngerschaft ermächtigt. In Anbetracht der besonderen Autoritätsstrukturen der katholischen Kirche ist ein gewisses Maß an »päpstlichem Protagonismus« nicht nur unvermeidlich, sondern sogar wünschenswert. Wenn der Papst jedoch begreift, dass eine wesentliche Verantwortung seines Amtes darin besteht, seine Brüder zu stärken, dann wird er sein Amt in einer Weise ausüben, die über ihn selbst hinaus auf Christus verweist. Und er wird seine Herde auf eine Weise führen, die sie daran erinnert, dass sie alle missionarische Jünger und dazu berufen sind, für die Kraft des Evangeliums Zeugnis abzulegen und alles zu unternehmen, damit die Menschen Christus kennenlernen.

Das ist das Petrusamt im Dienst der Neuevangelisierung.

Der nächste Papst und die Fülle des katholischen Glaubens

Wenn ihr in meinem Wort bleibt, seid ihr wahrhaft meine Jünger. Dann werdet ihr die Wahrheit erkennen und die Wahrheit wird euch befreien.

Joh 8,31–32

Der nächste Papst muss verstehen, dass die Lehre befreit und dass der Katholizismus sowohl eine Kirche der eindeutig klaren Lehre als auch eine Kirche sein kann und sein muss, die die Barmherzigkeit Gottes sichtbar werden lässt.

Es scheint in der Beziehung zwischen dem Christentum und der Moderne (und der Spätmoderne und der Postmoderne und vermutlich auch allem, was nach der Postmoderne kommen mag) eine Art ehernes Gesetz zu geben: Die christlichen Gemeinden, die über eine klare dogmatische und moralische Identität verfügen, können inmitten der Herausforderungen, die die gegenwärtige Kultur mit sich bringt, überleben und sogar gedeihen. Die christlichen Gemeinden, deren Identitätsbewusstsein jedoch schwach ist und deren Abgrenzungen porös sind, welken dahin – und einige von ihnen sterben.

Die Ersten, die dieses eherne Gesetz bewiesen haben, waren die verschiedenen Formen des liberalen Protestantismus überall in der Welt.

Die liberalen protestantischen Glaubensgemeinschaften, die im 19. Jahrhundert ihre dogmatische und im 20. Jahrhundert ihre moralische Klarheit nach und nach aufgegeben haben, liegen überall im Sterben. Die wachsenden Zweige des Protestantismus sind, wohin man auch blickt, evangelikal, pfingstlerisch oder fundamentalistisch. Und auch wenn zwischen evangelikalen Protestanten, Pfingstlern und protestantischen Fundamentalisten erhebliche Unterschiede in der theologischen Sensibilität und pastoralen Methode bestehen, zeichnet sich jede dieser Formen des Christentums durch die Klarheit ihrer Lehre und durch strenge moralische Anforderungen aus.

Dieses eherne Gesetz lässt sich auch auf den weltweiten Katholizismus anwenden.

Es besteht ein enger Zusammenhang zwischen dem Verfall des katholischen Glaubens und der katholischen Praxis in Westeuropa und dem anhaltenden Versuch, eine »Light-Version« des Katholizismus – der keine klar umrissenen Überzeugungen und durchlässige Grenzen in Bezug auf das Verhalten beinhaltet – als pastorale Methode für das 21. Jahrhundert einzuführen. Dieses Phänomen zeigt sich am deutlichsten in den deutschsprachigen europäischen Ländern, aber ist nicht nur dort zu finden. »Katholizismus light« ist ein evangelikaler und pastoraler Fehlschlag im ganzen westlichen Europa und ebenfalls ein evangelikaler und pastoraler Fehlschlag in Nordamerika, Lateinamerika, Australien und Neuseeland.

Die lebendigen, lebensprühenden Teile der Weltkirche im dritten Jahrzehnt des 21. Jahrhunderts sind demgegenüber diejenigen, die der Verkündigung des Evangeliums absolute Priorität gegeben haben, die den katholischen Glauben in seiner ganzen Fülle mit Fantasie und Leidenschaft lehren und die abtrünnigen Katholiken, unzufriedenen Protestanten und Ungläubigen eine verbesserte, befriedigendere Lebensweise anbieten, die in der Freundschaft mit dem Herrn Jesus Christus wurzelt. Das tritt am sichtbarsten zutage bei den neueren Ortskirchen des südlich der Sahara gelegenen Afrikas. Es gilt auch für den wachsenden Zweig der nordamerikanischen Kirche. Und es gilt für die Schößlinge eines neuen christlichen Lebens, die aus dem harten Boden des säkularisierten Europa sprießen.

Diese grundlegende Wirklichkeit des katholischen Lebens im 21. Jahrhundert – der Katholizismus in seiner ganzen Fülle ist anziehend und mitreißend, der »Katholizismus light« hingegen liegt im Sterben – lässt sich auch auf eine Reihe katholischer Institutionen ausweiten. Sie trifft auf Pfarrgemeinden, Bistümer, Ordensgemeinschaften, Seminare und laikale Erneuerungsbewegungen zu. Das dramatischste Beispiel zeigt sich vielleicht in den Ordensgemeinschaften für Frauen im Westen. Dort liegen diejenigen Gemeinschaften, die ihre Ordenstracht und ihre besondere Lebensweise aufgegeben haben und deren Mitglieder laufend von der amtlichen kirchlichen Lehre abweichen, im Sterben, während diejenigen Ordensgemeinschaften, die die Reform des Ordenslebens gemäß der von Papst Johannes Paul II. 1996 in seinem Apostolischen Schreiben über das geweihte Leben und seine Sendung in Kirche und Welt *Vita consecrata* vorgelegten verbindlichen Interpretation des Konzilsdekrets über die zeitgemäße Erneuerung des Ordenslebens *Perfectae caritatis* durchgeführt haben, wachsen und gedeihen – obwohl die Gesellschaft den Frauen heute immer mehr Tätigkeitsbereiche im öffentlichen Dienst und an leitenden Postionen zugänglich macht. Und bei den laikalen Erneuerungsbewegungen in der Kirche wird ein ähnliches Muster erkennbar: Diejenigen, die in den vergangenen Jahrzehnten eine Blütezeit erlebt haben, vertreten den Katholizismus in seiner Fülle.

Ein Beleg für die Anziehungskraft des Katholizismus in seiner ganzen Fülle ist auch die bemerkenswerte Tatsache, dass die Zahl der Priesteramtsanwärter in den Vereinigten Staaten unter dem Druck des Missbrauchsskandals nicht eingebrochen ist. Ein junger Mann, der sich heute zum Priesteramt berufen fühlt, zieht nicht nur in Erwägung, seinen katholischen Glauben auf eine herausfordernde Weise zu leben, er geht obendrein ein erhebliches Risiko ein, sozial geächtet zu werden. Und doch sind die Seminare des 21. Jahrhunderts überall in den Vereinigten Staaten von jungen Männern bewohnt, die das Evangelium in seiner ganzen Fülle annehmen wollen und an einem »Katholizismus light« keinerlei Interesse haben.

Ein Katholizismus in seiner ganzen Fülle spielt das »Evangelium« und die »Lehre« nicht gegeneinander aus. Das ist ein protestantischer Ansatz, der der Identität und dem Zeugnis vieler christlicher Gemeinschaften, die aus den Reformationen des 16. Jahrhunderts hervorgegangen sind, großen Schaden zugefügt hat. Ein Katholizismus in seiner ganzen Fülle erkennt an, dass die grundlegende Aussage des Evangeliums – »Jesus ist der Herr« – von einer geistgeführten Bewegung innerhalb der Kirche intellektuell entfaltet wurde, die die Glaubensbekenntnisse der Kirche und ihre grundlegenden dogmatischen Definitionen hervorgebracht hat.

Ein Katholizismus in seiner ganzen Fülle erkennt auch an, dass das kirchliche Verständnis der Wahrheiten sich durch dieselbe göttliche Inspiration im Laufe der Zeit entwickelt hat, die die Kirche zu dem gemacht haben, wie sie heute ist, immer in Kontinuität mit dem aus der Vergangenheit Überlieferten. Deshalb setzt ein Katholizismus in seiner ganzen Fülle bei der Evangelisierung und im pastoralen Dienst sowohl das Evangelium als auch die Lehre ein aus der Überzeugung, dass die volle Wahrheit des katholischen Glaubens tatsächlich im wahrsten Sinne des Wortes – nämlich im Sinne einer wirklichen menschlichen Freiheit – befreiend ist.

Das Versagen des »Katholizismus light« tritt seit einiger Zeit offen zutage, und es braucht eine bestimmte Form des Hochmuts – oder schlichtweg der Sturheit –, um den empirischen Tatsachen der gegenwärtigen Situation des Katholizismus nicht ins Auge zu sehen. Der »Katholizismus light« ist vielleicht imstande, bestehende katholische Einrichtungen eine Zeit lang am Leben zu erhalten; den Beweis, dass er imstande wäre, diese Einrichtungen auszubauen oder, was noch wichtiger ist, sie in Plattformen der Evangelisierung und Missionierung zu verwandeln, ist er indes schuldig geblieben.

Damit liegt die Vermutung nahe, dass der »Katholizismus light« in nicht allzu ferner Zukunft zu einem »Null-Katholizismus« oder zu etwas führen wird, was dem Null-Katholizismus beunruhigend ähnlich sieht: einem Katholizismus, der jede ernsthafte Fähigkeit, missionarisch zu wirken oder öffentlich Zeugnis abzulegen, verloren hat. Beispiele hierfür finden sich in Europa wie in Nordamerika in ehemals blühenden katholischen Kulturen und

Gesellschaften wie denen von Quebec, Spanien, Portugal und Irland. Diese Gesellschaften werden heute treffend als »nachchristlich« beschrieben. Und in manchen Fällen wird aus »nachchristlich« sehr rasch »antichristlich« und hier sieht sich die Kirche außerstande, die Unschuldigen gegen die Kultur des Todes zu verteidigen oder eine Antwort auf die antichristliche Propaganda in Politik, Kultur und in den Medien zu finden, die sie aus dem öffentlichen Leben verdrängen will.

Um es zu wiederholen und zusammenzufassen: Es gibt nirgends in der Welt ein Beispiel dafür, dass der »Katholizismus light« sein »Relevanz«-Versprechen eingelöst hätte. Überall dort, wo die Ortskirchen vom »Katholizismus light« befallen sind, hat der evangelikale Eifer und mit ihm die Fähigkeit der Katholiken nachgelassen, menschliche Gesellschaften zu gestalten. Diese Situationen werden zuweilen, auch von hochrangigen Geistlichen, als »pastoraler Notfall« beschrieben, der mit einer noch höheren Dosis eines noch leichteren »Katholizismus light« therapiert werden muss. Das eherne Gesetz von Christentum und Moderne legt jedoch eine alternative Diagnose und Therapie nahe. Der »Notfall« ist der Zusammenbruch des tiefen Glaubens, dass Jesus der Herr ist. Dies führte dazu, dass unterlassen wurde, das Evangelium zu verkündigen. Das Heilmittel ist ein lebensprühender Katholizismus in seiner ganzen Fülle, der die Freundschaft mit Jesus Christus und die Eingliederung in die Gemeinschaft seiner Freunde als den Weg anbietet, auf dem der Mensch sein Glück, seine Erfüllung und sein Heil findet.

Der nächste Papst muss diese Wahrheiten erkennen und die Kirche angesichts dieser Tatsachen führen.

Ungeachtet aller Zerrbilder, die das Gegenteil behaupten, ist der Katholizismus in seiner ganzen Fülle kein Rückfall in den Jansenismus oder andere Formen eines moralischen Rigorismus in der Kirche. Die lebensprühenden Teile der Weltkirche erkennt man nicht daran, dass sie nur jenen als Gefährten die Hand reichen, die ohnehin schon vollkommen sind. Die lebendigen Teile der Weltkirche erkennt man daran, dass sie jenen die Freundschaft mit Jesus Christus anbieten, die in der Anbetung falscher Götter befangen sind wie den Göttern, die die indigenen Bevölkerungen in Angst und Schrecken versetzen, oder, in der westlichen Welt, der falschen und herrischen Gottheit des autonomen Selbst – der falschen Gottheit des »Ichs«. Die lebendigen Teile der Weltkirche erkennt man daran, dass sie Barmherzigkeit *und* Wahrheit schenken und gleichzeitig einsehen, dass die größte Barmherzigkeit, die ein Christ einer leidenden oder verirrten Seele erweisen kann, darin besteht, ihr die Wahrheit anzubieten: dass wir in Jesus Christus dem Antlitz des barmherzigen Vaters und der Wahrheit über uns selbst begegnen – jenem Vater, der die Verlorenen zu Hause willkommen heißt, wenn sie erkennen, dass sie ihre menschliche Würde verschleudert haben, und der Wahrheit, dass diese Würde in Christus verherrlicht ist.

Wenn ein Papst die Macht der göttlichen Barmherzigkeit in seinem eigenen Leben sichtbar werden lässt, dann ermächtigt er das Kirchenvolk, Vermittler dieser Barmherzigkeit in der Welt zu sein. Der nächste Papst muss so leben und lehren, dass der Zusammenhang zwischen Barmherzigkeit und Wahrheit deutlich wird, und er muss so leben und lehren, dass die Barmherzigkeit (die die Welt nicht selten mit therapeutischer Vergesslichkeit verwechselt) sich nicht als Sentimentalität ausprägt. Die göttliche Barmherzigkeit ist ebenso läuternd wie tröstend, und was als Tröstung betrachtet werden kann, wird auf Dauer keinen echten Trost bewirken, wenn man ihn von der Läuterung trennt.

Wachstum im christlichen Leben ist für jedermann ein lebenslanger Prozess im Rahmen einer Lektion, die sowohl Wahrheit als auch Barmherzigkeit beinhaltet. Katholiken lernen diese Lektion aus den Leben der Heiligen, angefangen beim heiligen Petrus selbst. Der nächste Papst muss diese Lektion einer Kirche beibringen, die, was den innersten Zusammenhang zwischen Barmherzigkeit und Wahrheit angeht, zuweilen verwirrt ist, und er sollte die Bedeutung dieser Lektion durch sein eigenes, von sich selbst entäußertes Zeugnis für Christus veranschaulichen.

Immer wieder sind in den zwei Jahrtausenden der Kirchengeschichte Prediger und Lehrer aufgetreten, die behauptet haben, sie hätten den lange vergessenen oder missverstandenen Schlüssel zum Evangelium und zum gesamten Gebäude des christlichen Glaubens gefunden. Doch indem sie einzelne Glaubenswahrheiten übermäßig betont haben, drängten diese angeblichen Reformer andere Glaubenswahrheiten stillschweigend oder ausdrücklich in den Hintergrund. Auf diese Weise haben sie entstellt, was sie aufrichten wollten, und sind an der Aufgabe gescheitert, die Aspekte der Kirche zu reformieren, die tatsächlich reformbedürftig waren.

Diese Versuchung des Reduktionismus – der sich zuweilen als Einfachheit im Sinne des Evangeliums tarnt – bringt die Struktur des Glaubens aus dem Gleichgewicht und fügt der Kirche dadurch großen Schaden zu. Im ersten christlichen Jahrtausend rief er Spaltungen und Brüche innerhalb der Kirche hervor. Die vielleicht dramatischsten Beispiele ereigneten sich während der Reformationen des 16. Jahrhunderts, als das, was eine Rückbesinnung auf bestimmte wichtige Glaubenswahrheiten hätte sein sollen, nicht zu den beabsichtigten Reformen führte, sondern dem kirchlichen Zeugnis für das Evangelium tiefe Wunden schlug, als die christliche Welt – und das oft gewaltsam – zerbrach.

Auch die Kirche unserer Zeit kennt ähnliche Versuchungen. Eine, die gegen Ende des 20. Jahrhunderts in Lateinamerika verbreitet war, bestand darin, den verlorenen Schlüssel zum Evangelium in der Gerechtigkeit zu finden, die der Herr den Armen verkündet hat. Dieser reduktionistische Ansatz machte aus katholischen Priestern, die doch eigentlich Boten des Evangeliums und Hirten hätten sein sollen, politische Akteure. Im dritten Jahrzehnt des 21. Jahrhunderts wird die göttliche Barmherzigkeit oft als der vergessene Schlüssel zum Evangelium verkündet. Dies hat einige auf die Idee gebracht, dass die göttliche Barmherzigkeit, derer wir alle bedürfen, gegen die Wahrheiten ins Feld geführt werden kann, die die Kirche über die rechtschaffene Lebensweise und das menschliche Glück lehrt. Das Resultat ist eine weitere Übung in Sachen des »Katholizismus light«, bei der als Ersatz für die wahre Befreiung durch eine radikale Umkehr zu Christus und dem Evangelium nur eine Art Trost angeboten wird.

Wenn eine wesentliche Wahrheit des Evangeliums zur einzigen Wahrheit des Evangeliums wird, dann wird das Evangelium verfälscht und seine Verkündigung beeinträchtigt. Darüber muss der nächste Papst sich im Klaren sein, und er muss die Kirche lehren, der Versuchung einer

Vereinfachung der Botschaft des Evangeliums zu widerstehen, die letztlich zu einer verzerrten Vereinfachung dieser Botschaft führt.

Um das Evangelium in seiner ganzen Fülle zu verkünden und zu bezeugen und um der Weltkirche verstehen zu helfen, dass das Evangelium nicht gegen die Lehre oder die Barmherzigkeit gegen die Wahrheit gestellt werden kann, muss der nächste Papst die großen Fortschritte anerkennen, die die katholische Moraltheologie in den vergangenen Jahrzehnten gemacht hat.

Die katholische Moraltheologie beginnt mit den Seligpreisungen des Matthäusevangeliums (5,1–11), in denen der Herr beschreibt, wie der Mensch selig wird. Einem echten katholischen Verständnis des moralischen Lebens ist daher jeder Legalismus fremd. Da die Kirche jedoch einige Jahrhunderte lang die Neigung hatte, dies zu vergessen, wurde die katholische Moraltheologie typischerweise als strenger Gesetzeskodex vorgestellt. Nach dem II. Vatikanum gab es gewisse Versuche, die Moraltheologie zu reformieren, indem ein »harter« Legalismus durch einen »weichen« Legalismus ersetzt wurde: Das Sittenleben war noch immer an Regeln gebunden, doch die Regeln waren nun dehnbarer.

Die tiefere Reform der katholischen Moraltheologie seit dem Zweiten Vatikanischen Konzil hat die lebendigen Teile der Weltkirche gelehrt, den harten wie den weichen Legalismus hinter sich zu lassen und eine tugendzentrierte Moraltheologie zu praktizieren, die Güte und Glück zum Ziel des moralischen Lebens erklärt. Im Rahmen dieser tieferen Reform beginnt das moralische Leben mit der Umkehr zu Christus. Denn es war Christus, der gekommen ist, »damit sie das Leben haben und es in Fülle haben«

(Joh 10,10), und es war Christus, der dem jungen Mann auf seine Frage antwortete, was er »Gutes tun« müsse, »um das ewige Leben zu gewinnen« (Mt 19,16).

Hat er diese Umkehr zu Christus erst einmal vollzogen, dann versteht der Katholik auch, dass Gott seinen Weg zu Güte und Seligkeit mit einem Schutzgeländer gesichert hat. Dieses Schutzgeländer ist im Sittengesetz zu finden, das dem Menschen ins Herz geschrieben ist, im Sittengesetz, das dem Volk Israel in Exodus 20,1–17 gegeben wurde, und in der kirchliche Morallehre, die sowohl auf der Offenbarung als auch auf der Vernunft beruht. Die »Regeln« des moralischen Lebens befähigen uns zu einem guten Leben und führen uns schlussendlich zur Seligkeit. Sie sind weder Ausdruck göttlicher Willkür noch das Diktat einer autoritären Kirche.

Unter dem Aspekt der Umkehr zu Christus und im Licht des Evangeliums betrachtet, geht es im sittlichen Leben nicht allein um Gebote und Pflichten – auch wenn Gebote und Pflichten durchaus dazugehören. Nach dem Evangelium geht es im sittlichen Leben um Güte und Glück und um die Tugenden, die Güte und Glückseligkeit ermöglichen. Letztendlich geht es im christlichen Sittenleben um die sich selbst verschenkende Liebe – jene Art der Liebe, die sich zum Geschenk und die uns zu Menschen macht, die auf ewig im Licht der Heiligen Dreifaltigkeit, der Gemeinschaft der sich selbst schenkenden und empfangenden Liebe, leben können.

Der nächste Papst muss diese tiefe Reform der katholischen Moraltheologie verstehen und die Kirche entsprechend lehren, damit Katholiken und diejenigen, die sich mit dem Katholizismus befassen, das Sittenleben als eine Reise zur Tugend und Seligkeit hin begreifen.

Der große Missionsauftrag aus Mt 28,19–20 befiehlt den Freunden Jesu, des Herrn, alle Völker zu Jüngern zu machen, das heißt, sie zu lehren und zu taufen. Der große Missionsauftrag enthält keine Anweisungen zu Dialog und Begegnung. Dialog und Begegnung können nützliche Werkzeuge sein, um den großen Missionsauftrag zu erfüllen. Dialog und Begegnung können in der pastoralen Arbeit hilfreich sein, wenn sie den Gläubigen einladen, tiefer in der befreienden Wahrheit des Glaubens zu wachsen. Dialog und Begegnung können Christen helfen, die göttliche Barmherzigkeit umfassender zu erfahren. Dialog und Begegnung sind jedoch nur Mittel, kein Selbstzweck.

Die Verfechter des »Katholizismus light« scheinen oft anzunehmen, Dialog und Begegnung seien alles, was die Kirche anbieten kann und tatsächlich auch anbieten sollte. Diese Verkürzung des kirchlichen Missionsauftrags auf Dialog und Begegnung ist für einige vielleicht die einzig mögliche katholische Reaktion auf zunehmend säkularisierte Zeiten. Doch diese Verkürzung ist ein Fehler in Bezug auf die katholische Vorstellung und Zielsetzung. Vielleicht ist sie symptomatisch für den Zusammenbruch des übernatürlichen und christozentrischen Glaubens, der sodann durch andere Arten des Glaubens ersetzt wird. Doch weder eine therapeutisch orientierte Bestätigung des westlichen Narzissmus noch eine unkritische Übernahme religiöser Formen des Heidentums noch eine um Gaia kreisende Ökofrömmigkeit können die im Evangelium geoffenbarte Wahrheit Gottes in Christus ersetzen. Die Verkündigung dieser Wahrheit und dieses Evangeliums ist der Daseinszweck der Kirche.

Daran muss der nächste Papst die ganze Kirche erinnern.

Der nächste Papst,
die Krise der menschlichen Person
und der christliche Humanismus

Aber jeder von uns empfing die Gnade in dem Maß, wie Christus sie ihm geschenkt hat. Und er setzte die einen als Apostel ein, andere als Propheten, andere als Evangelisten, andere als Hirten und Lehrer [...] für den Aufbau des Leibes Christi, bis wir alle zur Einheit im Glauben und der Erkenntnis des Sohnes Gottes gelangen, zum vollkommenen Menschen, zur vollen Größe, die der Fülle Christi entspricht.

Eph 4,7.11–13

Der nächste Papst muss verstehen, dass die Krise der Weltzivilisation im 21. Jahrhundert eine Krise des Menschenbildes und dass die Antwort auf diese Krise die Wiederbelebung des christlichen Humanismus ist.

Was ihre Persönlichkeit, ihre theologische Sensibilität, ihre intellektuelle und pastorale Vorbildung und ihre Lebenserfahrung betrifft, waren die Männer, die im 20. und 21. Jahrhundert das Petrusamt innehatten, sehr unterschiedlich. Umso erstaunlicher ist es, dass sie trotz dieser Unterschiedlichkeit eine gemeinsame Überzeugung verband: Das, was die Menschheit in den vergangenen eineinhalb Jahrhunderten erleiden musste, wurzelt in einer falschen Auffassung von der menschlichen Person. Es überrascht nicht, dass elf unterschiedliche Päpste die Art und die Ursachen dieser Fehler unterschiedlich beschrieben haben. Doch es ist lehrreich, dass diese elf Bischöfe von Rom übereinstimmend glaubten, dass die Weltkrisen, durch die sie die Kirche hindurchgeführt hatten – darunter zwei blutige Weltkriege, ein Kalter Krieg, der die Zivilisation auszulöschen drohte, und eine Welt nach dem Kalten Krieg, die es versäumte, die Hoffnung auf einen neuen Frühling für den menschlichen Geist hervorzubringen –, etwas mit einer Krise im großen Projekt des westlichen Humanismus zu tun hatten.

Diese Krise hat der französische Theologe Henri de Lubac SJ in einem während des Zweiten Weltkriegs erschienenen Buch prägnant beschrieben. »Es ist nicht wahr«, so der spätere Konzilstheologe des II. Vatikanums, »dass der Mensch, wie man zuweilen sagen hört, die Erde nicht ohne Gott organisieren kann. Wahr ist, dass er sie ohne Gott letzten Endes nur gegen den Menschen organisieren kann.«[1] Vierzig Jahre nach de Lubac brachte der russische Schriftsteller Alexander Solschenizyn dieselbe Beobachtung noch treffender auf den Punkt: Die Katastrophen des 20. Jahrhunderts, so seine Einschätzung, waren geschehen, weil die Menschen Gott »vergessen« hatten.

Ohne den Gott der Bibel, so scheint es, wird der Humanismus auf individueller wie auf sozialer Ebene selbstzerstörerisch. Oder, wie der englische Historiker Christopher Dawson, normalerweise einer der sanftmütigsten Autoren, die man sich vorstellen kann, mit einer für ihn untypischen Heftigkeit formuliert hat: »Eine weltliche Gesellschaft, die keinem anderen Zweck als ihrer eigenen

Befriedigung dient, ist eine Monstrosität – eine krebsartige Wucherung, die sich letztendlich selbst zerstören wird.«[2]

Die Päpste des 20. und 21. Jahrhunderts haben dies, jeder auf seine Weise, verstanden. Der nächste Papst muss es ebenfalls verstehen. Und er muss einer zunehmend brüchigen und von Auseinandersetzungen betroffenen Welt gemeinsam mit der Kirche einen christlichen Humanismus empfehlen: einen Humanismus, der sich an den Reichtümern der biblischen Religion orientiert und auf Christus zentriert ist. Dann wird der nächste Papst und die von ihm geleitete Kirche die grundlegende Wahrheit über die menschliche Person wiederherstellen und verkünden, die der heilige Augustinus in seinen *Bekenntnissen* beschrieben hat: »Geschaffen hast du uns auf dich hin, o Herr, und unruhig ist unser Herz, bis es Ruhe findet in dir.« Wann und wo immer diese Wahrheit anerkannt wird, finden die Rastlosigkeit und die Ängste des modernen Herzens Ruhe, wird der Hunger des menschlichen Herzens gestillt und die menschliche Würde in vollem Maß wiederhergestellt. Diese Wahrheit muss jedoch unterbreitet werden.

Die Väter des Zweiten Vatikanischen Konzils setzten dieser globalen Krise des Menschenbildes zwei Abschnitte der Pastoralkonstitution über die Kirche in der Welt von heute *Gaudium et spes* (»Freude und Hoffnung«) entgegen. Jeder dieser beiden Abschnitte stützt den anderen – deshalb sollten beide stets parallel gelesen werden.

In Abschnitt 22 von *Gaudium et spes* schrieben die Konzilsväter: »Tatsächlich klärt sich nur im Geheimnis des fleischgewordenen Wortes das Geheimnis des Menschen wahrhaft auf. Denn […] Christus, der neue Adam, macht eben in der Offenbarung des Geheimnisses des Vaters und seiner Liebe dem Menschen den Menschen selbst voll kund und erschließt ihm seine höchste Berufung.«[3] Diese »höchste Berufung« ist, wie die Konzilsväter in Abschnitt 24 derselben Konstitution lehrten, die menschliche Berufung zur Liebe, weil nämlich »der Mensch […] sich selbst nur durch die aufrichtige Hingabe seiner selbst vollkommen finden kann«.[4] Wie die Päpste des 20. Jahrhunderts, deren Vorarbeiten das Zweite Vatikanische Konzil erst möglich gemacht hatten, kamen auch die Väter des II. Vatikanums zu dem Schluss, dass die Krise aller Krisen in der modernen Welt von einer krebsartigen Pseudoreligion der Selbstbehauptung verursacht ist. Diese götzendienerische Anbetung des Selbst hat das Leben der Menschen nicht nur auf individueller Ebene entstellt. Wie ein aggressives Sarkom hat sie in Ideologien und politischen Bewegungen Metastasen gebildet, die »den anderen« nur als etwas sehen, das man fürchten muss: einen Jemand oder ein Etwas, das es zu zerstören gilt.

Das ist natürlich eine alte Geschichte. Schon die ältesten Erzählungen der biblischen Überlieferung handeln davon, etwa die Geschichten über Adam und Eva und Kain und Abel. In der modernen Welt jedoch hatte diese ewig menschliche Versuchung der Selbstüberhebung und Selbstbehauptung globale Konsequenzen.

Deshalb rief das Zweite Vatikanische Konzil zu einer Erneuerung des christlichen Humanismus auf. Dieser Aufruf bleibt auch für den nächsten Papst und die von ihm geleitete Kirche aktuell.

Dem 21. Jahrhundert und dem dritten Jahrtausend einen christozentrischen Humanismus zu verkündigen, erfordert Überzeugung und Mut: die Überzeugung, dass Jesus Christus wirklich auf eine einzigartige und unübertreffliche Weise die Wahrheit über die menschliche Person offenbart, und den Mut, dies angesichts der vielen Gegenentwürfe auch zu verkündigen. Der nächste Papst könnte der Kirche helfen, demütig, aber zuversichtlich zu verkünden, dass der einzig wahre Humanismus christozentrisch ist, indem er der Kirche hilft, die Schwächen dieser Gegenentwürfe deutlicher zu erkennen.

Der Kommunismus und der Sozialismus haben eine Welt der wirtschaftlichen und politischen Gleichheit versprochen, in der der Staat nach und nach verschwinden und die menschliche Person vollkommen frei sein würde. Wo genau ist das eingetreten?

Verschiedene Formen des Konsumismus haben versprochen, dass der Genuss einer Fülle von materiellen Gütern die Menschen zufriedenstellen würde. Haben diese Erfüllungen, so real sie auch sein mögen, die tiefsten Sehnsüchte des menschlichen Herzens stillen können?

Die sexuelle Revolution hat eine menschliche Welt voller Glück versprochen, in der Frauen und Männer von alten Tabus befreit sein und gleichberechtigt leben würden. Wo genau hat sich dieses Versprechen erfüllt?

Wenn die Kirche mit dem heiligen Paulus verkündet, dass wahre menschliche Reife an der »vollen Größe« gemessen werden muss, »die der Fülle Christi entspricht« (Eph 4,13), dann bietet sie etwas an, das weitaus größer ist als die verfehlten Formen des Humanismus der letzten paar Jahrhunderte.

Sie verkündet, dass die menschliche Person kein zufälliges Nebenprodukt kosmisch-biochemischer Prozesse ist.

Sie verkündet, dass das Menschsein sich nicht bloß über den Kampf um die Macht definiert – die Macht, jemandem (oder allen) seinen Willen aufzuzwingen.

Sie verkündet, dass die menschliche Person kein zuckendes Bündel von moralisch vertretbaren Wünschen ist, deren Erfüllung ihr als ein »Menschenrecht« zusteht und dem Staat obliegt.

Sie verkündet, dass es weit wichtiger ist, wer wir sind, als was wir haben, dass ein großartiges Leben nicht nur einigen wenigen vorbehalten ist und dass es weitaus befriedigender ist, sich in Liebe für andere hinzugeben, als sich gegen andere durchzusetzen.

Dies alles kann die katholische Kirche verkünden, weil sie diese Wahrheiten über die Menschheit in dem gekreuzigten und auferstandenen Jesus Christus greifbar vor Augen hat.

Die Welt des 21. Jahrhunderts wird wie die Welt des 20. Jahrhunderts durch abgeschwächte Begriffe von der menschlichen Person, eine dekadente Sicht auf das menschliche Streben und zu kurz greifende Vorstellungen von der Bestimmung des Menschen bedroht. Deshalb braucht weder der nächste Papst noch die von ihm geführte Kirche beschämt sein, wenn er und die Kirche Jesus Christus als den verkünden, der seinem eigenen Wort zufolge »der Weg und die Wahrheit und das Leben« ist (Joh 14,6). Natürlich gibt es vieles, dessen sich die Kirche schämen sollte, denn schließlich ringt sie immer und immer wieder mit ihrem Versagen, nach den von ihr verkündeten Wahrheiten zu leben. Aber sie braucht sich nicht zu schämen, wenn sie verkündigt, dass die Würde und der Wert der menschlichen Person in Jesus Christus voll und ganz geoffenbart worden ist, der uns die Wahrheit darüber mitteilt, wer wir sind, warum wir unendlich wertvoll sind und warum wir nicht dem Vergessen anheimfallen werden. Dies ist eine viel, viel größere Auffassung von der Natur und den Möglichkeiten des Menschen, als sie sonst im 21. Jahrhundert angeboten wird.

Diejenigen Teile der Weltkirche, die diese Wahrheit heute voll Freude und ohne Zögern verkünden, sind die lebendigen Teile der katholischen Kirche. Der nächste Papst muss dies anerkennen, und dasselbe gilt für die Kirche, die er leitet.

Zur katholischen Verkündigung des christlichen Humanismus im 21. Jahrhundert gehört auch, dass die Kirche die Wahrheit über die Freiheit lehrt.

Es ist nicht neu, dass in der Welt eine gewisse Verwirrung herrscht, was die Bedeutung der Freiheit angeht. Diese Verwirrung über den Begriff der Freiheit herrscht seit dem Garten Eden, wo zum ersten Mal – so schildert es die biblische Erzählung im dritten Kapitel des Buches Genesis – die ewig menschliche Neigung zutage trat, ein Chaos zu verursachen ausgehend von der Meinung, Freiheit heiße, die Dinge auf die je eigene Weise zu tun. Die heutigen falschen Begriffe von Freiheit spiegeln diesen uralten Irrtum vor allem insofern wider, als sie Freiheit mit Willkür gleichsetzen: eine schlechte Idee, von der das humanistische Projekt seit dem 14. Jahrhundert infiziert ist, als William von Ockham dafür sorgte, dass sie in den Blutkreislauf der westlichen Kultur gelangte. Wann immer heute jemand mit der »Wahlfreiheit« auftrumpft, um eine Debatte über die Frage zu beenden, wie wir leben sollten, wird nach Ockhams Regeln gespielt. Und dann ist dieses Spiel Teil der Banalisierung und Herabwürdigung der menschlichen Person.

Jedes Menschenwesen wird mit einem eigenen Willen geboren – das wissen schon die Eltern eines zweijährigen Kindes. Menschliche Reife heißt, dass man den instinktiven Eigenwillen durch die Fähigkeit ersetzt, eine tugendhafte – das heißt kluge – Wahl zu treffen. Das Mantra der »Wahlfreiheit«, mit der jedwedes Verlangen gerechtfertigt wird, ähnelt ein bisschen einem zweijährigen Kind, das auf ein Klavier einhämmert: Es macht Lärm, keine Musik. Eine gute Wahl zu treffen – das zu wählen, was wir als gut erkennen (weil es glücklich macht), und uns dies als Gewohnheit anzueignen – ähnelt hingegen einem versierten Pianisten an seinem Instrument: Diszipliniertes Lernen verwandelt Krachmacher auf dem Klavier in Klavierspieler, die sich und anderen Freude bereiten und dabei ihr eigenes Menschsein und das der anderen bereichern können. Die sittlichen Schutzgeländer, die die Kirche uns anbietet, sollen uns anleiten, eine kluge Wahl und Entscheidung zu treffen – was üblicherweise lebenslanges Lernen bedeutet.

Eine von der Güte losgelöste und auf reine »Wahlfreiheit« reduzierte Freiheit ist infantil. Sie macht weder glücklich noch zufrieden. Und es ist auch schlecht für die Gesellschaft. Denn wenn es nur »deine Wahlfreiheit« und »meine Wahlfreiheit« gibt und beide aufeinanderprallen, was soll dann geschehen, wenn keiner von uns anerkennt, dass es etwas gibt, das »das Gute« genannt wird und anhand dessen wir beurteilen können, welche Entscheidung (für denjenigen, der die Wahl trifft, und für die Gesellschaft als ganze) die bessere ist? In diesem Fall setzt sich einer von uns – mit oder ohne Hilfe des Staates – gegen den anderen durch. Und das ist ein Rezept für Tyrannei.

Die katholische Kirche hat dadurch, dass sie Jesus Christus als die Verkörperung eines echten Humanismus verkündet, nicht nur eine höhere Meinung von der menschlichen Natur und Bestimmung, sondern auch eine anspruchsvollere Lehre über die Freiheit anzubieten. Der nächste Papst muss das wissen, er muss es lehren, und er muss die von ihm geleitete Kirche befähigen, es ihrerseits zu lehren und zu verwirklichen.

Die Entwicklung einer fruchtbaren philosophischen und theologischen Sicht der menschlichen Person – einer fruchtbaren christlichen Anthropologie – gehört zu den wegweisenden Errungenschaften des christlichen intellektuellen Lebens in der Zeit nach dem II. Vatikanum. Diese Anthropologie hat einige kreative Entwicklungen in der katholischen Moraltheologie angestoßen. Hier wären nicht zuletzt die zahlreichen Johannes-Paul-II.-Institute zu nennen, die überall in der Welt gegründet wurden, um der katholischen Moraltheologie aus den alten, erschöpften Debatten zwischen hartem und weichem Legalismus herauszuhelfen und einer neuen Herangehensweise entgegenzuführen: einem Ansatz, der die moraltheologischen Fragen von der Güte und der Seligkeit her denkt. Der nächste Papst muss diese Errungenschaften zu schätzen wissen und vor der ganzen Weltkirche zur Geltung bringen, denn sie beweisen, dass die katholische Kirche ein faszinierendes, mitfühlendes und erhebendes »Bild« von der menschlichen Person zu bieten hat, das für die Evangelisierung wesentlich ist. Damit wird der nächste Papst katholischen Denkern auch helfen, der Versuchung zu widerstehen, sich – insbesondere auf dem Gebiet der »Gender Studies«, »Queer Studies« und anderer götzendienerischer Kulte des Selbst – den akademischen Moden dieser Tage anzupassen.

Der nächste Papst
und die Bischöfe

Jesus sagte noch einmal zu ihnen: Friede sei mit euch! Wie mich der Vater gesandt hat, so sende ich euch. Nachdem er das gesagt hatte, hauchte er sie an und sagte zu ihnen: Empfangt den Heiligen Geist!

Joh 20,21–22

Der nächste Papst muss den Episkopat stärken und den Prozess der Auswahl der Bischöfe reformieren.

Kurz nachdem das Erste Vatikanische Konzil die Bedingungen definiert hatte, unter denen der Bischof von Rom Glaubens- und Sittenfragen als endgültig und unfehlbar lehren kann, wurde das Erste Vatikanische Konzil 1870 durch den Ausbruch des Deutsch-Französischen Krieges unterbrochen. Damals wurde daran gedacht, das Konzil wieder einzuberufen, sobald der Friede wiederhergestellt wäre, doch die Sitzungen des I. Vatikanums wurden nicht wieder aufgenommen. So wurde das, was zunächst als Unterbrechung oder Vertagung gedacht war, zu einer dauerhaften Aussetzung. In diesem limbusähnlichen Zustand verblieb das I. Vatikanum, bis Papst Johannes XXIII. am 14. Juli 1960 erklärte, dass das bevorstehende ökumenische Konzil unter der Bezeichnung »II. Vatikanum« bekannt gemacht werden sollte.

Aufgrund dieses historisch bedingten Ereignisses hatten die Väter des I. Vatikanums keine Gelegenheit mehr, ihre Arbeit über Ort und Ausübung kirchlicher Autorität durch Überlegungen zur Autorität der Bischöfe der Kirche zu vervollständigen. Die Theologie der Kirche, die das I. Vatikanum formuliert hatte, war also etwas verkürzt. Und das führte zu gewissen Verschiebungen in der katholischen Sicht auf die höheren Ränge der Weiheämter in Leitungsverantwortung – einer Sicht, die dem Papsttum eine solch dominierende Rolle beimaß, dass die Verantwortlichkeiten der Bischöfe dadurch in den Hintergrund traten. In manchen katholischen Köpfen waren die Ortsbischöfe die Filialleiter eines riesigen globalen Unternehmens, dessen Aufgabe hauptsächlich darin bestand, die Entscheidungen umzusetzen, die der Generaldirektor in Rom getroffen hatte.

Das II. Vatikanum versuchte, das Bild, das die Kirche sich von ihrer Leitung gemacht hatte, wieder ins Gleichgewicht zu bringen, indem es sich sorgfältig mit dem Bischofsamt selbst befasste und die Beziehungen der Bischöfe untereinander und zum Bischof von Rom gründlich durchdachte. Diese Fragen wurden auf den Sitzungen des II. Vatikanums intensiv debattiert. Schließlich jedoch konnten die Konzilsväter sich mit überwältigender Mehrheit auf einige zentrale Punkte einigen.

In *Lumen gentium*, der Dogmatischen Konstitution über die Kirche, lehrte das Konzil, dass der Episkopat nach dem Willen Christi besteht; dass der Episkopat die höchste Stufe des Weihesakraments darstellt; dass die Ausübung der kraft der Weihe verliehenen bischöflichen Autorität von der Gemeinschaft des betreffenden Bischofs mit dem Bischof von Rom abhängt; dass diejenigen, die die

Bischofsweihe empfangen, ein Kollegium bilden, das »Träger der höchsten und vollen Gewalt über die ganze Kirche« und gemeinsam für die Sendung der Kirche verantwortlich ist; und dass dieses Kollegium sein Amt immer und ausschließlich mit und unter dem Bischof von Rom ausübt.

Die Theologie des Konzils über die Bischöfe und seine Lehre über die Beziehung der Bischöfe zum universalen Hirten der Kirche erteilten dem Modell, das den Papst als Generaldirektor und die Bischöfe als Filialleiter darstellte (und das auf lehramtlicher Ebene ohnehin nie ernsthaft diskutiert worden war), vorbehaltlos eine Absage. Der Ortsbischof, der durch seine Bischofsweihe die Fülle des Weihesakraments empfangen hat, fungiert dem II. Vatikanum zufolge in seiner Ortskirche als Stellvertreter Christi. Er kann dieses Leitungsamt nur mit und unter dem Bischof von Rom ausüben. Dennoch ist er ein echter Stellvertreter Christi – und nicht nur ein Stellvertreter des Papstes.

Das Generaldirektor-Filialleiter-Modell wurde auch durch die Lehre des Konzils von der bischöflichen Kollegialität in aller Stille zu Grabe getragen. Das I. Vatikanum hatte verbindlich gelehrt, dass die einmalige Autorität des Bischofs von Rom sich auf die gesamte Kirche erstreckt und direkt ausgeübt werden kann. Dies war eine wichtige, entscheidende Bekräftigung der Unabhängigkeit der Kirche zu einem historischen Zeitpunkt, als moderne Staaten mit den verschiedensten Mitteln versuchten, Kontrolle über die Ortsbischöfe und die Ortskirchen zu gewinnen. Das II. Vatikanum vervollständigte diese Lehre von der universalen Jurisdiktion des Papstes, indem es erklärte, dass die Bischöfe als Körperschaft – als ein Kollegium – gemeinsam für die Weltkirche verantwortlich sind und die Verantwortung eines Ortsbischofs somit nicht an den Grenzen seines Bistums endet. Als Mitglied eines Kollegiums bringt die Beziehung zu seinen Mitbrüdern im bischöflichen Amt für ihn die Verantwortung mit sich, ihnen nötigenfalls zu Hilfe zu kommen, sich in Fragen von allgemeinem Interesse mit ihnen zu beraten und ihnen, wenn erforderlich, eine brüderliche Zurechtweisung zu erteilen. Und da auch der Bischof von Rom ein Mitglied und zugleich das Haupt des Bischofskollegiums ist, haben seine Mitbrüder im bischöflichen Amt auch ihm gegenüber die Verantwortung, ihm zu helfen, sich mit ihm zu beraten und ihn, falls nötig, zurechtzuweisen, genauso wie er sich ihnen gegenüber verhält.

Mit der Lehre dieser Dinge brachte das Zweite Vatikanische Konzil eine echte katholische Reform voran, was immer eine Rückbesinnung auf den einen oder anderen Aspekt der von Christus gegebenen »Form« der Kirche bedeutet, der vernachlässigt worden oder in Vergessenheit geraten war. In diesem Fall bestand die Reform darin, die Beziehung zwischen den Bischöfen der Kirche untereinander und zwischen den Bischöfen und dem Bischof von Rom wiederzuentdecken und zu erneuern, wie sie in der Mitte des ersten Jahrtausends – der Zeit der großen Kirchenväter und der ersten ökumenischen Konzilien, als der Katholizismus entscheidende Lehraussagen definierte und seine endgültige Ausprägung als hierarchisch geordnete Gemeinschaft erhielt – bestanden hatte. Das II. Vatikanum beschrieb jedoch nicht genau, wie diese komplexe Beziehung wechselseitiger bischöflicher Verantwortung für die Kirche unter einem bevollmächtigten Oberhaupt in der Praxis aussehen sollte. Die Debatte über dieses »Wie« wird auch mehr als ein halbes Jahrhundert nach dem Ende des Konzils immer noch mit großer Ernsthaftigkeit und Intensität geführt. Wahrscheinlich wird es – wie es im Lauf der Kirchengeschichte immer der Fall war – noch eine ganze Zeit lang dauern, bis sich herausstellt, auf welche Weise die nachkonziliaren Strukturen wie die nationalen Bischofskonferenzen und die Weltsynode der Bischöfe am besten für die Verkündigung des Evangeliums in Dienst genommen werden können.

Was jedoch inzwischen klar geworden sein sollte, ist die Tatsache, dass die angemessene Führung sich nicht auf diese Ausübung eines ortskirchlichen Bischofsamts beschränkt. Führungskompetenzen sind sicherlich wesentlich, sie sind jedoch nicht als der tiefere Sinn des Bischofsamts zu verstehen. Überdies lässt sich die Fülle des Weihesakraments, das mit der Bischofsweihe gespendet wird, nicht mit der Beförderung eines Armeeoffiziers in den höchsten Rang seiner Hauptabteilung vergleichen. Die Bischofswürde ist sehr viel mehr als ein Rang, genauso wie auch die päpstliche Würde sehr viel mehr ist als ein Rang.

Als Oberhaupt einer Ortskirche, das die Fülle des Weihesakraments empfangen hat, ist der Bischof der oberste Lehrer des Glaubens in der ihm anvertrauten Diözese – das heißt, er ist innerhalb seiner Ortskirche der oberste Zeuge für das Evangelium und dessen wichtigster Prediger.

Lumen gentium lehrt unmissverständlich, dass die Verkündigung des Evangeliums die primäre Verantwortung des Bischofs ist: Weil das Evangelium, das zu lehren den Aposteln aufgetragen wurde, »für alle Zeiten der Ursprung jedweden Lebens für die Kirche« ist, empfangen »die Bischöfe […] als Nachfolger der Apostel vom Herrn, dem alle Gewalt im Himmel und auf Erden gegeben ist, die Sendung, alle Völker zu lehren und das Evangelium jedwedem Geschöpf zu verkündigen. So sollen alle Menschen durch Glaube, Taufe und Erfüllung der Gebote das Heil erlangen«; deshalb hat »unter den hauptsächlichsten Ämtern der Bischöfe [...] die Verkündigung des Evangeliums einen hervorragenden Platz«.[1] Eine solche Verantwortung lässt sich nicht delegieren, auch wenn sie mit dem Klerus und dem Kirchenvolk einer Ortskirche geteilt werden kann und muss. Der Ortsbischof wird seine Priester und seine Gläubigen jedoch nicht als missionarische Jünger befähigen, wenn er nicht selbst ein Prediger des Evangeliums ist.

Als Hirte seiner Ortskirche obliegt dem Bischof das oberste Amt der Spendung der heiligmachenden Gnade seines Bistums und er übt dieses Amt durch die Feier der Sakramente aus. Der Bischof übernimmt diese Verantwortung gemeinsam mit den Priestern seiner Ortskirche. Außerdem wird der Bischof, indem er seinem Volk die heiligmachende Gnade spendet, alle, die seiner pastoralen Verantwortung unterstehen, dazu ermächtigen, die priesterliche Aufgabe wahrzunehmen, die ihnen bei der Taufe übertragen worden ist, als sie vom Heiligen Geist die Gnade empfingen, den dreimal heiligen Gott anzubeten. Der Bischof wird für seine Priester wie auch für sein Volk das Beste tun, wenn er die gnadenhafte und machtvolle Wirkung der Sakramente in seinem eigenen Leben sichtbar werden lässt.

Als Haupt einer Ortskirche und in Ausübung der Fülle des Weihesakraments ist der Bischof zudem der oberste Verwalter seines Bistums. Im Westen hat dies oft dazu geführt, dass der Ortsbischof den größeren Teil seiner Zeit

damit zubringt, kirchliche Angelegenheiten (einschließlich der Finanzen des Bistums) zu regeln und die Klippen
und Untiefen in den Beziehungen der Ortskirche zur Gesellschaft und zum Staat zu umschiffen. Dass viele Bischöfe darunter leiden, ist nichts Neues. Schon der heilige Gregor der Große beklagte sich gegen Ende des 6. Jahrhunderts in einer Predigt, die die Kirche an seinem liturgischen
Gedenktag liest, über die Last der Verwaltungsaufgaben.
Das II. Vatikanum betrachtet jedoch (genau wie Gregor der
Große) die Evangelisierung, die Lehre und die Heiligung
als die vorrangigen Aufgaben eines Bischofs. Die überzeu-
gendsten Ortsbischöfe der Kirche des 21. Jahrhunderts
sind diejenigen, die gelernt haben, sich in ihren Verwal-
tungs- und Führungsaufgaben von kompetenten Klerikern und Laien unterstützen zu lassen, damit ihnen mög-
lichst viel Zeit für die Evangelisierungsarbeit und für die
Feier und Spendung der Sakramente bei ihren Gläubigen
bleibt.

In der katholischen Kirche des lateinischen Ritus obliegt
es dem Bischof von Rom, Männer zu berufen, die diese bischöflichen Verantwortungen übernehmen können, und
es obliegt ebenfalls dem Bischof von Rom, die Auswahl
der von den Synoden der katholischen Ostkirchen für das
Bischofsamt vorgeschlagenen Männer zu bestätigen. Wo-
ran erkennt die Kirche des 21. Jahrhunderts – die eine missionarische Kirche ist –, wer diese Männer sind?

Sie erkennt diese Männer daran, dass diese ihre Fähigkeit zur Evangelisierung, Heiligung und Führung bereits
unter Beweis gestellt haben. Sowohl im Westen als auch
im Osten wird die Suche nach solchen Männern dadurch
unterstützt, dass Personen konsultiert werden, die einen
potenziellen Kandidaten für das Bischofsamt kennen und

seine Fähigkeiten, in apostolischen Zeiten eine Führungsrolle zu übernehmen, einschätzen können. Der nächste
Papst muss dies erkennen und darauf bestehen, dass solche Konsultationen – mit besonderem Augenmerk darauf,
ob der Betreffende sich zum Verkünder des Evangeliums
eignet – stattfinden, ehe man ihm Kandidaten für das Bischofsamt vorschlägt.

Päpste tun vielerlei, aber es gibt nur zwei Dinge, die ein
Papst tun *muss*. Er muss Bischöfe ernennen oder ihre Wahl
durch die Synoden der katholischen Ostkirchen bestätigen, weil er allein die Autorität dazu besitzt. Und er muss
die Botschafter von Staaten empfangen, zu denen der Heilige Stuhl umfassende diplomatische Beziehungen unter-
hält, weil er vertraglich dazu verpflichtet ist. Von diesen
beiden Aufgaben ist die Ernennung von Bischöfen die größere und wichtigere. Das muss der nächste Papst beach-
ten. Und der nächste Papst muss den Prozess verfeinern,
im Zuge dessen die Kirche Bischöfe auswählt, damit die
Bischöfe des 21. Jahrhunderts den Ansprüchen des bischöflichen Dienstamts in apostolischen Zeiten gerecht
werden, in denen eine starke Verkündigung des Evangeliums vonnöten ist.

Im dritten Jahrzehnt des 21. Jahrhunderts gibt es in der
katholischen Kirche rund 3200 örtliche Gerichtsbarkeiten,
die eine riesige Bandbreite von kulturellen, politischen,
wirtschaftlichen und religiösen Situationen umfassen. Der
nächste Papst muss Bischöfe finden, die die nachchristli-
chen (und oft aggressiv antichristlichen) Gesellschaften
wieder neu evangelisieren können, und er muss Bischöfe
finden, die heidnische Gesellschaften evangelisieren können, die noch nie vom Evangelium gehört haben. Der

nächste Papst muss Bischöfe finden, die in reichen Orts-kirchen eine Begeisterung für das Evangelium wecken können, und er muss Bischöfe finden, die mit begrenzten finanziellen Ressourcen neue Ortskirchen von Grund auf neu aufbauen können. Der nächste Papst muss auch Bi-schöfe finden, die ihr Volk gegen Verfolgungen unter-schiedlichster Art verteidigen können, Bischöfe, die bereit sind, für das Heil der ihrer Obhut anvertrauten Herde nötigenfalls auch ihr Leben hinzugeben. Gibt es irgendein Raster, anhand dessen sich Männer finden lassen, die un-ter derart vielfältigen Umständen fähige Bischöfe sein können?

Ein solches Raster gibt es. Der nächste Papst sollte es kennen und anwenden.

Die Qualifikationen, die die Bischöfe des 21. Jahrhun-derts überall in der Weltkirche mitbringen müssen, sind kein Geheimnis – wenn man versteht, dass die Kirche, wo immer sie sich auch befindet, missionarisch ist.

Bischöfe einer missionarischen Kirche müssen von Grund auf bekehrte Jünger sein, die in ihrem Leben gezeigt ha-ben, dass sie eine persönliche Umkehr zu Jesus Christus vollzogen und eine bewusste Entscheidung getroffen ha-ben, alles zurückzulassen, um Jesus, dem Herrn, nachzu-folgen.

Bischöfe einer missionarischen Kirche müssen durch ih-re mutige und wirkungsvolle Verkündigung des Evange-liums, durch die sie andere für die katholische missiona-rische Gemeinschaft der Jünger gewinnen, evangelikale Kraft und Eignung bewiesen haben. Dieses Feuer für die Verkündigung des Evangeliums muss auch die Fähigkeit beinhalten, den christlichen Glauben auch Ungläubigen vorzustellen und die Flamme des Glaubens in Katholiken neu zu entfachen, die sich von der Kirche entfernt haben, sowie die Bereitschaft, Katholiken zu ermahnen und zu korrigieren, die Vorstellungen und Praktiken angenommen haben, die dem Evangelium widersprechen. Diese Eigenschaften werden sich am Wachstum der Gemeinden zeigen, in denen ein solcher Mann seinen Dienst als Priester ausgeübt hat, oder an der Vitalität der Hochschulgemeinden oder anderer Formen der Seelsorge oder der Seminare, an denen er gearbeitet oder die er geleitet hat.

Bischöfe einer missionarischen Kirche müssen bewiesen haben, dass sie in der Lage sind, die Menschen der Kirche zu heiligen, indem sie sie in der heiligen Liturgie zu einer tieferen Erfahrung des Paschageheimnisses des gekreuzigten und auferstandenen Jesus Christus hinführen.

Bischöfe einer missionarischen Kirche müssen den Mut haben, mit ihren Entscheidungen gegen den kulturellen Strom zu schwimmen, was bedeutet, dass sie den Mut haben müssen, gegen deformierte kulturelle Sitten im Namen des Evangeliums und der Wahrheiten, die es über die menschliche Person lehrt, ihre Stimme zu erheben.

Bischöfe einer missionarischen Kirche müssen den Mut haben, auch unpopuläre Entscheidungen zu treffen, wenn diese Entscheidungen notwendig sind, um die Disziplin in der Kirche aufrechtzuerhalten oder wiederherzustellen und die katholische Lehre zu verteidigen. Das bedeutet unter anderem, dass Männer gefunden werden müssen, die ihre rechtmäßige Verantwortung vor Ort nicht »Rom« übergeben, weil sie hoffen, dass »Rom sich darum kümmern wird«.

Vor allem aber muss der Bischof einer missionarischen Kirche in der Lage sein, andere zu einem heiligmäßigen Leben aufzurufen, weil er mit seinem eigenen Leben ein anschauliches Zeugnis für die christliche Heiligkeit, die Freude am Evangelium und die Auswirkungen der göttlichen Gnade ablegt.

Es gibt in der römischen Kurie zwei Dikasterien, die dem Papst bei der Auswahl der Bischöfe behilflich sind. Der nächste Papst muss – in dem Bewusstsein, dass Bischöfe einer missionarischen Kirche im 21. Jahrhundert die eben erwähnten Eigenschaften benötigen – die Leitung dieser Dikasterien Personen anvertrauen, die diese Auffassung teilen und gemeinsam mit dem nächsten Papst den Prozess der Auswahl der Bischöfe dementsprechend reformieren.

Teil dieser Reform muss auch sein, den Kreis derjenigen Personen zu erweitern, die vor der Nominierung eines Kandidaten zum Bischofsamt konsultiert werden. Zurzeit werden im Nominierungsprozess bei den besagten Konsultationen oft in erster Linie oder sogar ausschließlich Bischöfe zurate gezogen. Das ist ein Fehler, der zu schwerwiegenden Problemen in der Kirche geführt hat und die der nächste Papst berichtigen sollte.

Bischofsnominierungen durch Bischöfe bringen den Episkopat zunehmend in Versuchung, sich selbst als so etwas wie eine höhere klerikale Kaste zu betrachten, sich dementsprechend zu verhalten und sich auch als solche zu reproduzieren. Dies führt tendenziell dazu, dass gute Kandidaten für das Bischofsamt an den Rand gedrängt werden, weil weniger kompetente oder weniger für das Evangelium brennende Männer, die bereits Bischöfe sind, sich ihretwegen irritiert oder unbehaglich fühlen. Dies kann einen Klerikalismus der übelsten Sorte begünstigen, bei dem Priester um die Gunst ihres eigenen oder eines anderen Bischofs rangeln. Und es führt unter Umständen dazu, dass beim Nominierungsprozess diejenigen übergangen werden, die die Stärken (und Schwächen) eines Mannes womöglich besser kennen als seine Mitbrüder oder sein Bischof: Es sind die Menschen, bei denen er als Seelsorger in der Pfarrgemeinde, in einer Institution oder am Seminar tätig war. In allzu vielen Situationen, die im 21. Jahrhundert ans Licht gekommen sind, hätten Leid und Skandale vermieden werden können, wenn man sich bei kompetenten und klugen Laien im Vorfeld vertraulich nach diesem oder jenem Kandidaten für das Bischofsamt erkundigt hätte.

Deshalb müssen Möglichkeiten ausgearbeitet werden, wie man den Laienstand bei der Ernennung von Bischöfen zurate ziehen kann. Das heißt nicht, dass Wahlen nach anglikanischem oder lutherischem Vorbild durchgeführt werden sollen. Es heißt vielmehr, dass der nächste Papst die päpstlichen Vertreter, die die betreffenden Nominierungen an den Vatikan weiterleiten, anweisen sollte, bei kundigen und kirchentreuen katholischen Laien Vorschläge für Bischofsamtskandidaten einzuholen, ehe die Liste mit den Nominierungen nach Rom geschickt wird. Katholische Laien sollten auch über die von Priestern und Bischöfen vorgeschlagenen Kandidaten befragt werden.

Die traditionelle päpstliche *sollicitudo omnium ecclesiarum* (»Sorge um alle Kirchen«) schließt auch die Sorge des Papstes für die Bischöfe der Kirche mit ein, die seine Mitarbeiter in einem Kollegium und als dessen Mitglieder sowohl für ihre Ortskirchen als auch für die Weltkirche verantwortlich sind. Diese komplexe Beziehung setzt voraus, dass der Bischof von Rom sowohl Bruder als auch Vater ist.

Die brüderliche Beziehung zwischen dem Papst und den Bischöfen kann dadurch gepflegt werden, dass der Bischof von Rom auf seinen Pastoralreisen mit den Bischöfen des jeweiligen Landes zusammentrifft. Sie sollte auch durch die alte Tradition der *Ad-limina*-Besuche gepflegt werden, bei denen sämtliche Bischöfe ihrer Verpflichtung nachkommen, alle fünf Jahre »zu den Türschwellen der Apostelgräber« zu pilgern und an den Gräbern des heiligen Petrus und des heiligen Paulus zu beten. Diese Pilgerfahrten sind auch Gelegenheiten, den Nachfolger Petri und seine Mitarbeiter zu treffen. In der Zeit nach dem Zweiten Vatikanischen Konzil haben solche *Ad-limina*-Besuche immer dann die beste Wirkung erzielt, wenn ein echtes Gespräch zwischen den Ortsbischöfen einerseits und dem Papst und seinen Mitarbeitern andererseits ermöglicht wurde. Der nächste Papst kann dieser Tradition mehr Wert beimessen, wenn er die Bischöfe bei der Evangelisierung und Heiligung des Volkes stärkt, indem er gewährleistet, dass seine eigenen Gespräche mit den Bischöfen und ihre Unterredungen mit Kurienbeamten sich auf die Herausforderung konzentrieren, eine missionarische Kirche zu sein – und wenn der Papst bei den *Ad-limina*-Besuchen gemeinsam mit den Bischöfen die Eucharistie feiert.

Die väterliche Beziehung des Papstes zu den Bischöfen muss auch die Disziplinierung und sogar die Amtsenthebung von Bischöfen vorsehen, wenn dies für die Glaubwürdigkeit des Evangeliums und die geistige Verfassung der Ortskirche erforderlich ist.

Der nächste Papst muss bereit sein, Bischöfe aus ihrem Amt zu entfernen, die durch ihr persönliches Verhalten im Widerspruch zum Evangelium leben. Der nächste Papst muss bereit sein, Bischöfe aus ihrem Amt zu entfernen, die eine andere Lehre vertreten als die der katholischen Kirche. Der nächste Papst muss bereit sein, Bischöfe aus ihrem Amt zu entfernen, deren offensichtlicher Mangel an Führungskompetenz ihre Fähigkeit, die betreffende Ortskirche zu leiten, definitiv beschädigt hat.

Der nächste Papst muss also erkennen, dass es der Sache des Evangeliums, der Moral des Kirchenvolks und der öffentlichen Glaubwürdigkeit der Kirche weit mehr schadet, einen korrupten, unfähigen Bischof oder einen, der sich unerlaubter Handlungen schuldig gemacht hat, im Amt zu belassen, als ihn abzusetzen. Und auch die Seele des betreffenden Mannes würde einen weitaus größeren Schaden erleiden.

Die Stärkung und Reform des Bischofsamts in der katholischen Kirche des 21. Jahrhunderts zu dem Zweck, ihr zu immer stärkerer missionarischer Kraft zu verhelfen, muss durch die Stärkung des Kardinalskollegiums ergänzt werden.

Ähnlich wie die Päpste Mitte des letzten Jahrhunderts darauf bestanden haben, das Bischofsamt in den Missionsgebieten durch die Weihe einheimischer Bischöfe zu reformieren (oft gegen den Widerstand der Kolonialmächte), setzten sich die Päpste des ausgehenden 20. und beginnenden 21. Jahrhunderts dafür ein, das Kardinalskollegium durch Internationalisierung zu stärken. Gelegentlich nutzten die Päpste das Kollegium auch als Ratgeber in einer Art Senat oder Kardinalsrat – eine solche Konsultation führte 1995 schließlich zur Veröffentlichung der Enzyklika *Evangelium vitae.*[2]

Weil das Kardinalskollegium für die Wahl des Bischofs von Rom verantwortlich ist, sollte der nächste Papst sicherstellen, dass die wahlberechtigten Kardinäle – also diejenigen Mitglieder des Kollegiums, die ihr 80. Lebensjahr noch nicht vollendet haben – sich in der Weltkirche auskennen und mit den Herausforderungen vertraut sind, die sich durch die Evangelisierung in den verschiedenen Situationen vor Ort ergeben. Den Kreis der Papstwähler in nationaler oder geografischer Hinsicht auszuweiten, sollte keine Minderung der Kompetenz und Leistungsfähigkeit des Kollegiums zur Folge haben. Der nächste Papst sollte – und zwar nicht nur durch seine Ernennungen – daran arbeiten, dass diese Kompetenzen und die Leistungsfähigkeit ausgebaut werden.

Der nächste Papst sollte deshalb nicht nur Kardinäle auswählen, die im Hinblick auf die Situation der Kirche, auch über ihre unmittelbaren Ortskirchen hinaus, ein umfassendes Wissen oder beträchtliche Erfahrungen vorweisen können, sondern er sollte auch darauf achten, dass das Kardinalskollegium mit einer gewissen Regelmäßigkeit zusammentritt. Diese Praxis wurde nicht aktiv weiterverfolgt und sollte – nicht zuletzt, weil sie notwendig ist, um das Konklave für die Papstwahl vorzubereiten – wieder aufgegriffen werden. Ein Kardinalskollegium, dessen Mitglieder einander im Grunde gar nicht kennen, wird als Wahlgremium keine guten Dienste leisten. Nur Kardinäle, die einander so gut kennen, dass sie sich vor versammeltem Kollegium freimütig und vertrauensvoll äußern können, werden gut zusammenarbeiten können, wenn sie die schwierige Aufgabe übernehmen, den Nachfolger Petri, den Bischof von Rom, zu wählen.

Der nächste Papst
und die Priester der Kirche

Denn siehe, das Reich Gottes ist mitten unter euch.

Lk 17,21

Der nächste Papst muss die Reform des Priestertums und des geweihten Lebens fördern.

Das Evangelium fordert die Gläubigen zu jeder Zeit und an jedem Ort auf zu erkennen, dass die verheißene Verwandlung aller Dinge, die im Neuen Testament als das »Reich Gottes« bezeichnet wird, mitten unter uns bereits begonnen hat. Das Reich Gottes ist in der Person Jesu, des auferstandenen Herrn, gegenwärtig in der Gemeinschaft der Kirche, die Christi mystischer Leib auf Erden ist. Das Reich Gottes ist dort gegenwärtig, wo die Seligpreisungen gelebt werden und die Macht Gottes sich an jenen offenbart, die in den Augen der Welt wenig oder gar nichts zählen. Durch die Gnade der Sakramente verwirklicht der radikal bekehrte Jünger tagtäglich das Leben des Königreiches und bietet jenen, die Jesus, dem Herrn, noch nicht begegnet sind, die Möglichkeit, an seinem Leben teilzuhaben.

Damit leben Christen in einer einzigartigen Zeitzone: der Zeitzone des Reiches Gottes. Denn das, was nach christlichem Glauben am Ende der Geschichte in Herrlichkeit offenbar werden wird – die Erfüllung der Verheißung Christi, »alles neu« zu machen (Offb 21,5) –, entfaltet sich tatsächlich schon jetzt in der Geschichte. Wenn nun die Kirche der Anweisung des Herrn Folge leistet und mehrmals pro Tag betet »Dein Reich komme«, dann bittet sie um die umfassendere Offenbarung einer Wirklichkeit, die Jesus verkündet hat und die mit seiner Person und Sendung in die Geschichte eingebrochen ist. Diese Verkündigung ist durch die Auferstehung bestätigt worden, in der die Wahrheit über die Bestimmung des Menschen mit solcher Macht offenbar wurde, dass die Freunde des Auferstandenen hinausgingen und begannen, das Evangelium zu predigen, um die Welt zu bekehren.

Im Laufe der zweitausendjährigen Kirchengeschichte haben sich in der Kirche unterschiedliche Berufungen entwickelt, um diese Dimension des Reiches Gottes im Leben der Kirche in einem erhöhten Maße sichtbar zu machen und der Versicherung des Herrn, dass das Reich Gottes nicht nur »künftig«, sondern auch »gegenwärtig« ist, konkreten Ausdruck zu verleihen. In solchen Berufungen äußert sich die Sehnsucht eines Einzelnen, ganz und gar von Gott in Besitz genommen zu werden. Solche Berufungen haben auch eine wichtige kirchliche Bestimmung, denn ihr radikales Zeugnis von der »Gegenwart« des Reiches Gottes in unserer Mitte dient als Aufruf an die ganze Kirche, sich vollständiger Christus anzugleichen und das Evangelium mit größerem Eifer zu verkündigen.

Zu diesen Berufungen, die grundlegend auf das Reich Gottes ausgerichtet sind, gehören das Priestertum des Neuen Bundes und das geweihte Ordensleben, das sich durch Gelübde zu einem Leben nach den evangelischen Räten (Armut, Keuschheit und Gehorsam) verpflichtet.

Das Priestertum und das geweihte Leben dienen in der Kirche als eine Art spiritueller Reaktorkern, von dem Kraft und Energie ausgestrahlt wird, die die gesamte Gemeinschaft der Jünger zur Evangelisierung und Mission befähigt. Deshalb sind die Verfassung des Priestertums und des geweihten Lebens zu jedem beliebigen Zeitpunkt in der Geschichte ein Indikator für die Vitalität der Kirche der fraglichen Epoche, denn die Wahrheit, dass das Reich Gottes mitten unter uns ist, wird durch die Kirche eben durch das Priestertum und das geweihte Leben auf grundlegendere Weise erfahrbar.

Die Reform des Priestertums und des geweihten Lebens ist ein wesentlicher Bestandteil der Neuevangelisierung. Der nächste Papst muss deshalb darauf bedacht sein, diese Reform, die schon vor Jahrzehnten auf den Weg gebracht worden ist, seither jedoch immer wieder mit etlichen Hindernissen und Rückschlägen zu kämpfen hatte, mit größerem Nachdruck voranzubringen.

Im dritten Jahrzehnt des 21. Jahrhunderts gibt es in der katholischen Kirche rund 400 000 geweihte Priester. Viele von ihnen sind vorbildliche und tugendhafte Männer. Mehr als nur einige von ihnen verrichten die Arbeit der Evangelisierung und Heiligung unter unglaublichen Schwierigkeiten. Doch trotz dieser Beispiele von guten Priestern ist die Geschichte des katholischen Priestertums, so wie die Welt sie liest, oft eine »Krisenstory«. Und auch diese Geschichte – so verzerrt ihre allgegenwärtige Darstellung des katholischen Lebens im 21. Jahrhundert auch sein mag – hat einen wahren Kern.

In den Jahren, die auf das Zweite Vatikanische Konzil folgten, sind mehr katholische Priester aus dem aktiven

Dienst ausgeschieden als zu jeder anderen Zeit seit den Reformationen des 16. Jahrhunderts. Als aber zu Beginn des 21. Jahrhunderts eine Reform der priesterlichen Ausbildung und des priesterlichen Dienstes endlich erste evangelikale Früchte hervorbrachte, wurde die Weltkirche durch Enthüllungen über Fälle sexuellen Missbrauchs durch Priester erschüttert, die Jahrzehnte zurücklagen. Der sexuelle Missbrauch Minderjähriger ist eine Geißel in der ganzen Welt. In einer Kirche, in der das geweihte Priestertum lange Zeit in höchstem Ansehen gestanden hatte, war die schäbige Bilanz des sexuellen Missbrauchs durch Kleriker besonders verheerend.

Die Krise des Priestertums ist eine globale Krise. Und auch wenn sich diese Krise in unterschiedlichen Kulturen und Gesellschaften in speziellen Formen zeigt, ist die Krise des katholischen Priestertums im 21. Jahrhundert in jedem beliebigen Kontext im Grunde genommen eine Treue- und Identitätskrise. Priester, die wirklich an das glauben, was die katholische Kirche über die Natur des geweihten Priestertums lehrt – dass es eine einzigartige Teilhabe an dem einen und ewigen Priestertum Jesu Christi ist –, sind keine sexuellen Missbrauchstäter und sie brechen ihr Keuschheitsgelübde auch nicht auf andere Weise. Priester, denen bewusst ist, dass ihr Dienst weit mehr ist als nur die Übernahme einer Reihe von Funktionen oder Aufgaben – nämlich eine Berufung, die die Gegenwart des Reiches Gottes mitten unter uns auf eine ganz besondere Weise deutlich erkennbar werden lässt –, missbrauchen den Respekt, den das Kirchenvolk ihnen entgegenbringt, nicht durch selbstherrliches Verhalten oder Schlimmeres.

Der nächste Papst muss die Krise des Priestertums im 21. Jahrhundert als eine Treue- und Identitätskrise verstehen. Nur dann kann er die Priester der Kirche zu einem tieferen Verständnis und einer radikaleren Verwirklichung des einzigartigen Charakters aufrufen, den Christus den Priestern des Neuen Bundes verliehen hat. Der nächste Papst muss die ganze Kirche daran erinnern, dass die Priesterweihe einen Mann nicht nur dazu befähigt, gewisse sakramentale Handlungen zu vollziehen. Die Priesterweihe verwandelt einen Mann in ein Abbild des »erhabenen Hohepriester[s] […], Jesus, de[s] Sohn[es] Gottes« (Hebr 4,14). Indem er die Kirche an diese wesentliche Wahrheit des katholischen Glaubens erinnert, wird der nächste Papst die Priester daran erinnern, was am Tag ihrer Weihe geschehen ist.

Diese Erinnerungen sind notwendig, wenn es darum geht, die Übel des Klerikalismus zu bekämpfen, der das Priestertum des Neuen Bundes verunglimpft, indem er den Priester als Mitglied einer Kaste darstellt – eine Versuchung, der Priester und Gläubige gleichermaßen erliegen können. Auch wenn ein solches Kastenbewusstsein nicht zu missbräuchlichem Verhalten in sexueller oder anderer Hinsicht führt, kann es sowohl den sexuellen Missbrauch als auch den Autoritätsmissbrauch durch Kleriker begünstigen. Deshalb muss der nächste Papst die Priester wie auch die Menschen immer wieder daran erinnern, dass das katholische Priestertum keine Kaste, sondern eine Weihe ist, die den Betreffenden auf einzigartige Weise Christus gleichgestaltet. Diese einzigartige Gleichgestaltung macht aus den Geweihten eine brüderliche Gemeinschaft. Eine Kaste aber bringt sie nicht hervor und darf sie auch nicht schaffen.

Der nächste Papst muss den Priestern der Kirche außerdem Mut zusprechen, ihnen für ihr Opfer danken und seine Mitbrüder im priesterlichen Dienst zu einem Leben inspirieren, das der Würde ihrer Berufung entspricht. Dies wird ihm am besten gelingen, wenn er die Freude des Priestertums und die spezielle Form der liebenden Ganzhingabe in seinem eigenen Leben sichtbar werden lässt. Diese Berufung zu einer radikalen, aufopferungsvollen Liebe ist unter allen Umständen eine Herausforderung, vor allem aber in solchen Kulturen, denen die sexuelle Revolution tiefe Wunden geschlagen hat. Das Priestertum des Neuen Bundes in der katholischen Kirche ruft einen Mann zu einer einzigartigen und gegenkulturellen Form der väterlichen Liebe auf. Priester verdienen die Unterstützung ihres Bischofs, ihrer Mitbrüder im Priesteramt und der Gläubigen, wenn sie sich dieser Herausforderung der geistlichen Vaterschaft stellen. Und sie verdienen die Unterstützung, Dankbarkeit und Ermutigung des Bischofs von Rom.

Diese Ermutigung und Unterstützung kann der nächste Papst unter anderem dadurch leisten, dass er den priesterlichen Zölibat bestätigt, der für die Kirche ein Geschenk ist. Und der nächste Papst sollte der ganzen Kirche erklären, worin das Wesen dieses Geschenks besteht, damit die Kirche es den Menschen erklären kann. Manchmal hört man, auch von hochrangigen Geistlichen, dass der Zölibat in gewissen kulturellen Situationen nicht sinnvoll sei. Das trifft natürlich zu, wenn die besagte kulturelle Situation heidnisch oder nachchristlich ist. Das Opfer, das die zölibatäre Liebe erfordert, und das Geschenk, das Gott und der Kirche mit diesem Opfer angeboten wird, ist nur im Zusammenhang mit dem Reich Gottes, das unter uns gegenwärtig ist, zu verstehen. Und dort, wo das Evangelium vom Reich Gottes nicht verkündet worden ist – ob in den Städten Deutschlands oder den Regenwäldern Brasiliens –, wird die zölibatäre Form der väterlichen Liebe wenig oder gar nicht verstanden.

Im Zusammenhang mit der Verkündigung des Evangeliums und des Reiches Gottes kann die durch das zölibatäre Priestertum verkörperte radikale Selbsthingabe dagegen auch ein machtvolles Zeugnis für die Gegenwart Christi unter uns sein. Daher wird der nächste Papst darauf bedacht sein, die Kirche zu lehren, dass die zölibatäre Liebe der Priesterschaft des lateinischen Ritus ein Ausdruck des hier und jetzt in unserer Mitte gegenwärtigen Reiches Gottes und eine einzigartige Teilhabe an der Ganzhingabe Jesu Christi ist, der mit seinem Leben, seinem Tod und seiner Auferstehung das Priestertum des Neuen Bundes eingesetzt hat.

Auf diese Weise wird der nächste Papst die Kirche daran erinnern und die Menschen lehren, dass die aufopferungsvolle Liebe des Zölibats ein Zeichen dafür ist, dass es im Priestertum des Neuen Bundes in erster Linie darum geht, was ein Mann *ist* und nicht was ein Mann *tut*. Das Weihepriestertum der katholischen Kirche ist kein Priesterhandwerk; das Weihepriestertum in der katholischen Kirche ist eine bildliche Darstellung, ist eine Vergegenwärtigung des Priestertums Jesu Christi durch die Person des geweihten Priesters. Der zölibatäre katholische Priester ist kein Junggeselle. Er ist ein geistlicher Vater, der durch das Weihesakrament Christus, dem Guten Hirten, gleichgestaltet worden ist. Die lebendigen Teile der katholischen Kirche haben das verstanden. Die absterbenden oder im Sterben liegenden Teile der katholischen Kirche denken

eher in Begriffen des Priesterhandwerks als des Priestertums. Diese falsche Vorstellung des Priestertums des Neu-
en Bundes zu korrigieren ist eine wesentliche Voraussetzung dafür, dass in den Ländern des »Katholizismus light«,
in denen die Entheiligung des Priestertums entscheidend
zum Schwund des katholischen Glaubens und der katholischen Praxis beigetragen hat, die ganze Fülle des katholischen Glaubens wiedererlangt werden kann.

Der nächste Papst muss die Priester der Kirche dazu aufrufen, Männer Gottes zu sein, die andere lehren und dazu anleiten, den lebendigen Gott in einer gottgefälligen
Weise anzubeten.

In *Lumen gentium* hat das Zweite Vatikanische Konzil die
Kirche gelehrt, dass die heilige Liturgie »Quelle« und »Hö-
hepunkt des ganzen christlichen Lebens« ist und dass aus
ihr alles andere entspringt.[1] Die Liturgie der Kirche ist –
oder sollte es sein – eine weitere zur Mission befähigende
Erfahrung der einzigartigen christlichen Zeitzone, welche
das Leben im Königreich Gottes hier und jetzt ist. Deshalb
schrieben die Konzilsväter in *Sacrosanctum concilium*:

»In der irdischen Liturgie nehmen wir vorauskostend
an jener himmlischen Liturgie teil, die in der Heiligen
Stadt Jerusalem gefeiert wird, zu der wir pilgernd un-
terwegs sind, wo Christus sitzt zur Rechten Gottes, der
Diener des Heiligtums und des wahren Zeltes. In der irdischen Liturgie singen wir dem Herrn mit der ganzen
Schar des himmlischen Heeres den Lobgesang der Herrlichkeit. In ihr verehren wir das Gedächtnis der Heiligen und erhoffen Anteil und Gemeinschaft mit ihnen.
In ihr erwarten wir den Erlöser, unseren Herrn Jesus

Christus, bis er erscheint als unser Leben und wir mit ihm erscheinen in Herrlichkeit.«[2]

Natürlich ist der Bischof von Rom nicht der Liturgiebeauftragte jeder Pfarrgemeinde in der katholischen Welt. Gleichwohl hält er infolge der Revolution der Kommunikationsmittel, die das Papsttum in der Erfahrung der Menschen neu geformt hat, seine eigenen liturgischen Feiern heute vor den Augen der gesamten Kirche ab. Deshalb sollte der priesterliche Dienst des nächsten Papstes in den Liturgien, die er in Rom feiert, und in seinen Liturgiefeiern mit dem Gottesvolk der jeweiligen Ortskirche während seiner Pastoralreisen das Priestertum Jesu Christi durchscheinen lassen. Dieses Durchscheinen des Priestertums Christi wird seinen Priestern helfen, in ihrem eigenen Leben die Wirklichkeit dessen zu realisieren, zu dem sie geweiht worden sind, und es wird die Mitglieder der Kirche befähigen, von ihrem Vorrecht Gebrauch zu machen, das ihnen der Heilige Geist mit der Taufgnade hat zuteilwerden lassen: Gott im Gottesdienst anzubeten.

Menschen sind theotrope Wesen: Sie werden immer irgendetwas anbeten. Der nächste Papst wird das verstehen und alles in seiner Macht Stehende tun, damit die Kirche durch den liturgischen Dienst ihrer Priester der Welt die Schönheit, Würde und Macht der wahren Anbetung vor Augen hält.

Um Berufungen zu »werben« – also Männer darauf hinzuweisen, dass das Weihepriestertum ein anspruchsvoller, aber erfüllender Weg ist, ihre christliche Hingabe zu leben – ist dann besonders effektiv, wenn die katholischen Verantwortlichen in Leitungspositionen einschließlich des

Papstes ein heroisches Bild dieses Priestertums hochhalten und Männer dazu auffordern, die Dramatik der radikalen Aufopferung in ihrem Leben zu verwirklichen. Deshalb sollte der nächste Papst darauf bestehen, dass die Reform der Priesterseminare – die in einigen Teilen der Welt schon recht weit fortgeschritten ist, in anderen hingegen gerade erst begonnen hat – zukünftigen Geistlichen ein tiefes Verständnis für die Heiligkeit der Priesterberufung vermitteln muss. Dieses Verständnis beginnt mit einer radikalen Bekehrung zum Evangelium. Es drückt sich sodann in einer besonderen Gleichgestaltung mit Christus, dem Herrn, aus, die nicht in einem klerikalen Kastensystem, sondern in väterlicher Selbstaufopferung gelebt wird.

Kein Seminarsystem ist je perfekt gewesen oder wird jemals perfekt sein. In Seminaren, die die Notwendigkeit einer radikalen Umkehr und priesterlichen Opferbereitschaft betonen, wird es wahrscheinlich eher gelingen, Hirten nach dem Herzen Christi auszubilden. Und dort wird es wahrscheinlich eher gelingen, diejenigen auszusondern, die aus vielfältigen geistlichen und psychologischen Gründen nicht imstande sind, ein Priestertum der starken väterlichen Liebe in ihrem Leben zu verwirklichen.

Der nächste Papst würde gut daran tun, Seminare zu ermutigen, der Kunst des Predigens größere Bedeutung beizumessen, als die meisten dies heute tun. Anders als die protestantischen Pastoren, die sich in erster Linie als Lehrer sehen (und dementsprechend hart daran arbeiten, gute Prediger zu werden), neigen katholische Priester dazu, sich in erster Linie als Zelebranten der Sakramente zu betrachten. Die katholische Kirche der Neuevangelisierung braucht Seelsorger, die mitreißend predigen *und* durch die Sakramente die heiligmachende Gnade spenden, das heißt, die Menschen mit ihren liturgischen Feiern zu einer Erfahrung des Paschamysteriums einladen. Die Kirche der Neuevangelisierung braucht Priester, die die Messe zelebrieren und die Menschen gleichzeitig mit ihren Predigten befähigen, die Welt neu durch die Brille der Bibel zu sehen.

Der nächste Papst sollte erkennen, dass viele der Reformen des Priestertums, die für eine missionarische Kirche bedeutsam sind, unmittelbar oder analog auch auf die Reform des geweihten Ordenslebens angewandt werden können.

Immer wieder hat der Heilige Geist im Lauf der Kirchengeschichte große Reformer der Männer- und Frauenorden wie den heiligen Johannes vom Kreuz und die heilige Teresa von Ávila hervorgebracht. Die Beharrlichkeit, mit der diese Reformer darauf drängten, dass ihre Gemeinschaften zu einer strengen Observanz der evangelischen Räte zurückkehrten, stieß – wie ähnliche Reformansätze auch heute noch – in aller Regel auf beträchtlichen Widerstand. Daher ist es für den nächsten Papst umso wichtiger, eine tief greifende Reform des Ordenslebens in der gesamten Kirche zu fördern, genauer gesagt auf einer solchen Reform zu bestehen.

In den letzten Jahrzehnten des 20. und den ersten Jahrzehnten des 21. Jahrhunderts sind zu viele Ordensgemeinschaften zu Hindernissen auf dem Weg der Verkündigung des Evangeliums im Zuge der Neuevangelisierung geworden, weil sie – insbesondere im Hinblick auf die Praxis der Tugend der Keuschheit – Verhaltensmuster tolerierten, die den Wahrheiten des Evangeliums und des katholischen Glaubens widersprachen. Wenn Ordensgemeinschaften

Unkeuschheit tolerieren, geht dies typischerweise mit Abweichungen von der verbindlichen Lehre der Kirche einher. Und Letzteres wird benutzt, um Ersteres zu rechtfertigen – ein Teufelskreis der Treulosigkeit.

Das Zweite Vatikanische Konzil hat in seinem Dekret *Perfectae caritatis* alle Orden und Gemeinschaften geweihten Lebens dazu aufgerufen, den »Geist und die eigentlichen Absichten der Gründer« wiederzuentdecken und treu zu bewahren und zur Grundlage einer authentisch katholischen Reform ihrer Lebensweise und Sendung zu machen. Zu oft jedoch wurde wenig oder gar nichts wiederentdeckt und es erfolgte stattdessen eine Anpassung an die vorherrschenden kulturellen Gepflogenheiten. Im Westen führte diese Anpassung zum Niedergang zahlreicher ehrwürdiger Männer- und Frauengemeinschaften des geweihten Lebens. Andere wurden in Fragen der Lehre wie des Verhaltens zu Enklaven der Abweichung von den Wahrheiten des Evangeliums. Umgekehrt bewiesen diejenigen Gemeinschaften, die sich nicht auf den Weg der kulturellen Anpassung begaben, sondern sich mit neuer Entschlossenheit auf die evangelischen Räte verpflichteten, eine beeindruckende Fähigkeit, unter extrem schwierigen sozialen und kulturellen Bedingungen nicht nur zu überleben, sondern sogar zu wachsen – und damit leisten sie einen wichtigen Beitrag zum Werk der Evangelisierung und zum Dienst.

Der nächste Papst muss die Wahrheiten hinter diesen gegensätzlichen Mustern von Erneuerung und Niedergang erkennen und deren Zusammenhang mit der Treue oder Untreue zum Evangelium. Außerdem muss der nächste Papst die echten Reformer ermutigen – und beschützen –, die sich dafür einsetzen, ihre Gemeinschaften entsprechend ihrer jeweils einzigartigen Absicht der Gründer und stets im Einklang mit dem Evangelium und den von der Kirche verbindlich gelehrten Wahrheiten zu erneuern. Und wenn nötig, muss der nächste Papst in Ausnahmefällen auch selbst in das Leben von Ordensgemeinschaften eingreifen, wenn diese sich beharrlich weigern, mit den erforderlichen Reformen ihre Fähigkeit wiederherzustellen, Verkünder des Evangeliums und Zeugen des schon jetzt unter uns gegenwärtigen Reiches Gottes zu sein.

Der nächste Papst
und das Laienapostolat

Ihr seid das Licht der Welt. Eine Stadt, die auf einem Berg liegt, kann nicht verborgen bleiben. Man zündet auch nicht eine Leuchte an und stellt sie unter den Scheffel, sondern auf den Leuchter; dann leuchtet sie allen im Haus. So soll euer Licht vor den Menschen leuchten, damit sie eure guten Taten sehen und euren Vater im Himmel preisen.

Mt 5,14–16

Der neue Papst muss die katholischen Laien daran erinnern, dass sie das neue Israel sind, das geliebte Volk des Neuen Bundes, und dass sie jetzt zu missionarischer Jüngerschaft und in der Ewigkeit zum Hochzeitsmahl des Lammes berufen sind.

Die geistgeführte Reise, zu der die katholische Kirche seit dem Pontifikat Papst Leos XIII. aufgebrochen ist, hat das Selbstverständnis der Kirche in vielerlei Hinsicht bereichert. Zu den bedeutendsten dieser Entwicklungen gehörte die Entfaltung einer umfassenden Theologie des Laienstandes, eines Themas, das in theologischer Hinsicht in den Jahrhunderten, in denen die Gegenreformation das kirchliche Konzept der Ekklesiologie geprägt hat, auf wenig Interesse gestoßen ist. Es war manchmal in dieser Kirche der Gegenreformation die Rede davon, dass die Laien im Wesentlichen drei Aufgaben hätten, nämlich: »zu beten, zu bezahlen und zu gehorchen«. (Ein Zeitgenosse des heiligen John Henry Newman, Msgr. George Talbot, prägte einst eine Variation zu diesem Thema, die auf die englische Oberschicht bezogen war: Die Laien sollten »jagen, schießen, sich amüsieren«.) Der gegenreformatorische Katholizismus verstand »die Kirche« streng hierarchisch. Die katholischen Laien waren fest am Boden einer Pyramide verortet, in der Autorität und Initiative immer nur in eine Richtung strömten, nämlich von oben nach unten.

Es gab Ausnahmen von dieser Regelung, die sich im Hinblick auf die auf das Evangelium zentrierte Entwicklung des katholischen Selbstverständnisses, das die Kirche zur Neuevangelisierung geführt hat, als fruchtbar erwiesen haben.

Aufmerksame Studenten der Missionswissenschaft wussten beispielsweise, dass der Katholizismus auf der koreanischen Halbinsel ursprünglich eine indigene Laienbewegung gewesen und das dortige Werk der Evangelisierung unter der Führung von verantwortlichen Laien durchgeführt worden war, bis (auf Drängen von katholischen Laien) 1836 ein französischer Missionsbischof nach Korea gekommen ist. In Europa, das bis weit in das 20. Jahrhundert hinein das Kernland der Kirche gewesen ist, entstanden als Reaktion auf die Herausforderungen der kulturellen, gesellschaftlichen und politischen Moderne verschiedene Laienbewegungen der »Katholischen Aktion«. Zumeist standen diese Bewegungen unter starker Kontrolle der Amtskirche. Doch allein die Tatsache ihrer Existenz und ihre herausragende Bedeutung in etlichen Ländern regten die Theologie dazu an, sich ernsthafter mit den religiösen Verantwortungen aller Getauften und mit der Möglichkeit zu befassen, Laien – sogar in führenden Positionen – am Werk der Evangelisierung zu beteiligen. Die 1943 promulgierte Enzyklika Papst Pius' XII. *Mystici corporis Christi* (»Über den mystischen Leib Christi«) war ein Impuls für die Kirche, ihr gewohntes pyramidenförmiges und rechtliches Selbstverständnis hinter sich zu lassen. Mitte des 20. Jahrhunderts leisteten international angesehene weltliche Gelehrte wie Jacques Maritain und Étienne Gilson immer wieder wichtige Beiträge zur Erneuerung des katholischen Geisteslebens. 1953 veröffentlichte der französische Dominikaner und Theologe Yves Congar *Jalons pour une théologie du laicat (Der Laie: Entwurf einer Theologie des Laientums):* Sondierungen und Überlegungen, die den geistigen Boden für das Zweite Vatikanische Konzil bereiten halfen. Auch der Schweizer Theologe Hans Urs von Balthasar legte kreative theologische Schriften zu diesem Thema vor und beschrieb in seinen theologischen Überlegungen bestimmte »Laien«-Modelle im dritten Band von *Herrlichkeit: Eine theologische Ästhetik.*

Einen ersten Reifeprozess erreichten diese Entwicklungen, als die Väter des II. Vatikanums das fünfte Kapitel der Dogmatischen Konstitution *Lumen gentium* über die Kirche der »Berufung zur Heiligkeit« und ihrer Allgemeingültigkeit widmeten. Auch wenn diese Vorstellung einigen nicht vertraut gewesen sein mag, handelte es sich nicht um eine Neuheit. Der heilige Paulus selbst hatte von den Mitgliedern seiner ersten christlichen Gemeinden als den »Heiligen« gesprochen (vgl. z. B. Eph 1,1). Wenn die Konzilsväter alle Katholiken daran erinnerten, dass sie in der Taufe zur Heiligkeit berufen worden waren, dann riefen sie die Kirche wieder einmal dazu auf, zu ihrem Ursprung, dem Evangelium, zurückzukehren und aus dieser Quelle Anregungen und evangelikale Kraft für das dritte Jahrtausend der christlichen Geschichte zu schöpfen.

Die Lehre des II. Vatikanums von der allgemeinen Berufung zur Heiligkeit beinhaltete auch eine gewisse Entklerikalisierung der Kirche. Die Kirche war und blieb nach dem Willen Christi hierarchisch strukturiert, und die Leitungsautorität innerhalb der Kirche wird immer an das Weihesakrament gebunden sein. Dennoch betonte das Konzil, dass sich die Heiligkeit – jener gnadenhafte Zustand, dessen Förderung der Daseinsgrund der Kirche ist – nicht auf den heiligen Raum der Kirche beschränkt. Jeder Christ ist zur Heiligkeit berufen: in der Welt und ebenso, wenn er in der Kirche ist. Diese Berufung wird zu Beginn des christlichen Lebens im Sakrament der Taufe verliehen.

In der Zeit, als die katholische Kirche des Westens sich bequem der örtlichen Kultur angepasst hatte, sah man in der Taufe oft so etwas wie ein institutionelles Initiationsritual: ein Sakrament, gewiss, aber auch so etwas wie das Aufnahmeritual eines Stammes oder einer ethnischen Gruppe. Die Konzilstheologie von der allgemeinen Berufung zur Heiligkeit rief alle Katholiken dazu auf, sich die Bedeutung ihrer Taufe vollumfänglich bewusst zu machen: Getauft zu sein heißt, Jesus Christus, dem menschgewordenen Gottessohn, gleichgestaltet, das heißt, ein Glied seines mystischen Leibes, der Kirche, zu werden, die Christi Werk in der Welt weiterführt.

Getauft zu sein heißt also, an den drei Ämtern Christi teilzuhaben und wie er Priester, Prophet und König zu sein. Getauft zu sein befähigt einen Katholiken, dem einzig wahren Gott in rechter Weise Anbetung und Verehrung darzubringen (Priesteramt). Getauft zu sein heißt, zum Sprecher und Zeugen der Wahrheit für die Bekehrung der Welt gesalbt zu sein (Prophetenamt). Und getauft zu sein heißt, durch ein Leben im Sinne der Seligpreisungen am dienenden Königtum Christi teilzuhaben und dazu beizutragen, die Zerrissenheit der Welt zu heilen.

Und entsprechend der Konzilstheologie über die Berufung der Laien, die 1988 von Papst Johannes Paul II. in seinem Apostolischen Schreiben *Christifideles laici* (»Christi gläubige Laien«) und 1991 in der Enzyklika *Redemptoris missio* (»Über die fortdauernde Gültigkeit des missionarischen Auftrags des Erlösers«) verbindlich interpretiert und weiterentwickelt wurde, bedeutet Getauftsein die Übertragung des großen Missionsauftrags – des Auftrags, »alle[n] Völker[n]« die Freundschaft mit Jesus, dem Herrn, anzubieten.

Legt man diese Deutung der Konzilslehre zugrunde, dann ist jeder Katholik ein Missionar. Denn getauft zu sein heißt, Jünger zu sein, und der Missionsauftrag, das Geschenk, das man selbst erhalten hat – das Geschenk der Freundschaft mit Jesus, dem Herrn –, auch anderen anzubieten, gehört zur Aufgabe und Verantwortlichkeit der Jüngerschaft. Das Heilige Jahr 2000 sollte die Weltkirche an diese Taufwahrheiten erinnern, und das Apostolische Schreiben *Novo millennio ineunte* zum Abschluss dieses Heiligen Jahres betonte die missionarische Aufgabe der gesamten Kirche, auf das tiefe Wasser der Evangelisierung »hinauszufahren«.

Die zentrale Bedeutung der allgemeinen Berufung zur Heiligkeit in der Lehre des II. Vatikanums über das Wesen der Kirche und die Lehre des Konzils sowie auch der nachkonziliaren Päpste von der Pflicht der Laien zum Zeugnis und zur Evangelisierung sind sowohl von den katholischen Laien als auch vom Klerus nur schlecht verstanden worden. Dieses mangelhafte Verständnis hat zu Verwirrungen und Verzerrungen geführt. Deshalb muss der nächste Papst die allgemeine Berufung zur Heiligkeit und die allgemeine Pflicht zur Evangelisierung, die jedem Christen bei der Taufe übertragen worden ist, wieder fördern. Und er muss die Kirche solcherart führen, dass diese Wahrheiten gründlicher in die Struktur sämtlicher Erscheinungsformen des katholischen Lebens eingearbeitet werden.

Klerikalismus bedeutet vielerlei, unter anderem ein falsches Machtbewusstsein bei Klerikern, die eine destruktive Vorstellung von der Autorität des Priesters haben. Im weiteren Sinne steht der Begriff »Klerikalismus« jedoch für die laut ausgesprochene oder stillschweigend vorausgesetzte Vorstellung, dass in der Kirche nur der Klerus »zählt«. Diese Meinung ist bei Katholiken überall weitverbreitet. Sie ist falsch. Und sie bringt allzu oft klerikalisierte Laien und einen verweltlichten Klerus hervor – Laien, die meinen, die wahre Jüngerschaft bestehe darin, ein Amt innezuhaben oder irgendeine Form von Führungsverantwortung innerhalb der Kirche auszuüben, und Kleriker, die meinen, die Priesterweihe sei nichts weiter als eine Befähigung, bestimmte geschäftliche Vorgänge innerhalb der Kirche zu regeln. Ein klerikalisiertes Laientum, das die »Verantwortung der Laien« in der katholischen Kirche mit dem Zugang zu Ämtern in der kirchlichen Bürokratie verwechselt, wird die Neuevangelisierung nicht voranbringen. Und dasselbe gilt für einen Klerus, der nicht begreift, dass eine wesentliche Verantwortung der geweihten Amtsträger der Kirche darin besteht, die Laien zum Zeugnis und zur Mission zu ermutigen.

Der nächste Papst wird die Kirche über den Klerikalismus und seine abstumpfenden Auswirkungen auf die Missionierung und Evangelisierung hinausführen, wenn er die katholische Welt geduldig, aber beharrlich lehrt, dass das grundlegende Paradigma der christlichen Jüngerschaft von Maria begründet worden ist – und dass die vielen verschiedenen Arten der Jüngerschaft in der Kirche alle auf diesem marianischen Vorbild basieren.

Maria ist die erste Jüngerin und das Musterbeispiel jedweder Jüngerschaft, weil das marianische *Fiat* – »Mir geschehe, wie du es gesagt hast« (Lk 1,38) – die Menschwerdung des Sohnes Gottes ermöglicht und damit festgelegt hat, was es bedeutet, ein Jünger dieses Sohnes zu sein: Jüngerschaft heißt, ein Leben nach dem Willen Gottes zu führen. Dieses Muster ist durch die letzten Worte, die im Neuen Testament von Maria überliefert sind, erweitert und theologisch vertieft worden: als Maria die Diener, die bei der Hochzeit zu Kana den Wein ausschenken, auffordert: »Was er euch sagt, das tut!« (Joh 2,5). Marias Rolle in der Heilsordnung besteht darin, über sich selbst hinaus auf ihren Sohn hinzuweisen. Deshalb besteht die Rolle jedes Jüngers bei der Evangelisierung der Welt darin, über sich selbst hinaus auf den Sohn Mariens hinzuweisen. In Kana deutet Maria auf den, der beides, Sohn Gottes und Sohn Mariens, ist und sie weist uns so auf die beiden zentralen Geheimnisse des christlichen Glaubens hin: die

Menschwerdung und die Dreifaltigkeit. Damit hat uns Maria – eine Laiin ohne Amt – das Muster jedweder missionarischen Jüngerschaft vorgegeben, das Wesen der Kirche als einer Gemeinschaft der Freunde Jesu, des Herrn, definiert und das Evangelium ihres Sohnes in die Mitte der Kirche und ihres Wirkens gestellt.

Alles andere in der Kirche erwächst aus diesem marianischen Profil und hängt davon ab. Die Führungsrolle in der Seelsorge, wie sie die Nachfolger der Apostel ausüben, und das Petrusamt selbst ergeben nur dann einen christlichen Sinn, wenn man sie im Licht des marianischen Beispiels der Jüngerschaft betrachtet. Das paulinische Modell einer evangelisierenden Kirche ergibt nur dann einen christlichen Sinn, wenn man es im Licht des marianischen Modells der Jüngerschaft betrachtet. Und dasselbe gilt auch für das johanneische Modell des kontemplativen Gebets. Eine Kirche, die diese neutestamentlichen Bilder der verschiedenen Formen der Jüngerschaft und ihre Abhängigkeit vom marianischen Profil des radikal bekehrten Jüngers begriffen hat, wird weniger leicht in die Falle innerer Machtkämpfe geraten, die das klerikalistische Zerrbild des christlichen Lebens widerspiegeln, und sich eher dem Werk der Evangelisierung widmen.

Klerikalismus steht der Mission im Weg. Um die Kirche über den Klerikalismus hinauszuführen, muss der nächste Papst die Kirche zu einer tieferen marianischen Hingabe und einer theologisch reicheren marianischen Frömmigkeit führen.

Der nächste Papst wird die evangelikale Kraft der Laien auch dadurch stärken, dass er sie dazu ermutigt, das Sakrament der Buße wieder regelmäßig zu empfangen.

Das Werk der Evangelisierung ist nicht leicht. Selbst die eifrigsten Missionare erleiden Fehlschläge – und das nicht nur, weil die Herzen verhärtet sind, sondern weil sie selbst schwache und sündige Menschen sind. Das Sündenbekenntnis im Rahmen des Bußsakraments ist deshalb für jeden missionarischen Jünger eine Chance, dem Herrn dieses Versagen zu bekennen. Und indem sie die göttliche Gnade in der sakramentalen Absolution empfangen, werden die reuigen Sünder von Neuem dazu ermutigt, ihre Taufverantwortung wahrzunehmen und für das Evangelium Zeugnis abzulegen.

Die sakramentale Beichte ist außerdem eine Gelegenheit, als Christ an die eigene Taufwürde erinnert zu werden. In einer Kirche der Sünder, die die katholische Kirche zweifellos ist, kann Schuld für die Mission zu einem großen Hemmnis werden. Diese Schuld zu bekennen, ist jedoch weder würdelos noch selbsterniedrigend. Im Gegenteil: Alle, die auf die Knie sinken, um ihre Sünden zu beichten, und ihr Bedürfnis nach Gnade eingestehen, damit sie ihrer christlichen Heiligung gemäß leben können, verstärken damit ihre menschliche Würde.

Deshalb muss der nächste Papst das Sakrament der Buße in der Kirche des 21. Jahrhunderts genau zu dem Zweck wiederbeleben, um das Bewusstsein für den Missionsauftrag bei den Laien wieder in Erinnerung zu rufen. Und er wird dies durch die Ausübung seines Lehramts und durch die Ermutigung der Bischöfe und Priester der Kirche tun, indem sie das sakramentale Sündenbekenntnis als wesentlichen Bestandteil der geistlichen Disziplin empfehlen: einer Praxis, die darauf ausgerichtet ist, das Bekenntnis des eigenen Glaubens an das Evangelium zu erneuern, die eigene Freundschaft mit Jesus, dem Herrn, zu vertiefen

und somit sich wieder neu auf den christlichen Sendungsauftrag auszurichten.

In der Kirche der Neuevangelisierung sind katholische
Laien ausdrücklich »nicht klerikal«. Katholische Laien
sind getaufte Jünger, die sakramental mit christlicher
Würde bekleidet, durch die Gaben des Heiligen Geistes ge-
heiligt, durch die Eucharistie mit Gnade gespeist und im
Sakrament der Buße für die Missionsarbeit geläutert worden sind. Katholische Laien sind Freunde des menschgewordenen Gottessohnes und Verkünder des Evangeliums.
Katholische Laien sind mit einer besonderen Verantwortung betraut, das Evangelium in das soziale und kulturelle Leben, in die Öffentlichkeit und in das Wirtschaftsge-
schehen hineinzutragen. In der Kirche der Neuevangelisierung ist jeder Katholik ein missionarischer Jünger oder
eine missionarische Jüngerin, der oder die dazu berufen
ist, die Vitalität seines oder ihres christlichen Glaubens an
seiner oder ihrer missionarischen Wirksamkeit zu messen.
   Der nächste Papst muss die katholischen Gläubigen
stets daran erinnern, dass sie, wie der Herr selbst gesagt
hat, das »Licht der Welt« sind (Mt 5,14). Und er muss die
ganze Kirche daran erinnern, dass es für Laien und Laiinnen, auch wenn sie in der Kirche viele wichtige Dienste
ausüben können, nichts Wichtigeres gibt, als Verkünder
des Evangeliums und wirkungsvolle Zeugen Jesu Christi
in der Welt zu sein – eine Berufung, die oft auch die Ehe
sowie die Zeugung und Evangelisierung von Kindern mit
einschließt.
   Ein getaufter katholischer Laie ist kein Katholik zweiter
Klasse. Ihm ist im Sakrament der Taufe eine große Würde und Verantwortung übertragen worden. Und diese

Taufwürde hat einen eschatologischen Charakter, das heißt eine Ausrichtung auf das Reich Gottes hin. Denn die missionarische Jüngerschaft ist der Weg zum letzten Ziel des christlichen Lebens, zu dem alle Getauften berufen sind: dem ewigen Hochzeitsmahl in der »heilige[n] Stadt«, dem »neue[n] Jerusalem« (Offb 21,2), wo das Lamm Gottes, das Alpha und das Omega des Kosmos und der Geschichte, »alles neu« macht (Offb 21,5).

Der nächste Papst
und die Reform des Vatikans

*Als er [Jesus] ihnen die Füße gewaschen, sein Gewand wieder
angelegt und Platz genommen hatte, sagte er zu ihnen: Begreift
ihr, was ich an euch getan habe? Ihr sagt zu mir Meister und
Herr und ihr nennt mich mit Recht so; denn ich bin es. Wenn
nun ich, der Herr und Meister, euch die Füße gewaschen habe,
dann müsst auch ihr einander die Füße waschen. Ich habe euch
ein Beispiel gegeben, damit auch ihr so handelt, wie ich an euch
gehandelt habe.*

Joh 13,12–15

*Der nächste Papst muss eine umfassende Finanz- und
Verwaltungsreform des Heiligen Stuhls durchführen.*

Im Lauf der letzten eineinviertel Jahrhunderte haben vier
Päpste, angefangen bei Papst Pius X., strukturelle Reformen der kirchlichen Zentralverwaltung – der römischen
Kurie – durchgeführt oder dies zumindest versucht. Diese Reformbemühungen müssen fortgesetzt werden. Der
nächste Papst muss darauf achten, dass diese strukturel-
len Reformen ein angemessenes Verständnis der Eigenart
und Funktion der Kurie zum Ausdruck bringen.

Das Evangelium fordert jeden in der Kirche zur Mission auf. Alle Katholiken sind durch ihre Taufe zur Mission

berufen. Die Angehörigen der kirchlichen Zentralverwaltung sind keine Ausnahmen von dieser evangelikalen Regel. Jeder muss seinen oder ihren Weg finden, den großen Missionsauftrag zu erfüllen.

Die römische Kurie ist jedoch nicht der Ort, an dem der Evangelisierungsauftrag der Kirche durchgeführt wird. Die römische Kurie ist ein Leitungs- und Verwaltungsorgan, dessen Funktion darin besteht, den Bischof von Rom bei der Ausübung seines einzigartigen Petrusamtes zu unterstützen, seine »Brüder« »zu stärken« (das heißt das gesamte Kirchenvolk) für ein Leben im Dienst am Evangelium.

Dieses Instrument der Kurie kann auf unterschiedlichste Weise strukturiert werden. Bei einer solchen Strukturierung sollte jedoch ein Leitungsorgan nicht mit einem missionarischen Werk verwechselt werden. Als Ausweitung und Ausdruck des dem Petrusamt innewohnenden *Munus regendi* (»Leitungsamt«) gibt es die römische Kurie, um den Bischof von Rom in der Ausübung seines allumfassenden Dienstes zu unterstützen und den Menschen in der gesamten Weltkirche ihre evangeliumsgemäße und missionarische Arbeit zu erleichtern.

Aus Gründen der Effizienz ist die Strukturierung der römischen Kurie zwar wichtig, aber doch von geringerer Tragweite als der Charakter der dort tätigen Männer und Frauen. Wenn die einzelnen Bereiche durch einen Organisationsplan umstrukturiert werden, kann dies kein Ersatz dafür sein, Personen von untadeligem Charakter zu ernennen, die diese Bereiche ausfüllen können. Persönlichkeit *ist* Politik – das gilt in der römischen Kurie wie sonst überall.

In den letzten Jahren haben Finanz- und Sexualskandale ein effizientes Arbeiten der römischen Kurie verhindert und ihr Ansehen beschädigt. Diese Skandale, die im Widerspruch zu den Wahrheiten des Evangeliums stehen, haben den evangelikalen Bemühungen der Kirche und ihrem Anspruch, auf globaler Ebene eine moralische Instanz zu sein, einen sehr schlechten Dienst erwiesen. Und sie haben im Innern der Kirche und insbesondere unter den Laien, deren Großzügigkeit die Arbeit der verschiedenen Behörden im Vatikan überhaupt erst möglich macht, große Bestürzung hervorgerufen.

Deshalb muss der nächste Papst in der römischen Kurie gründliche Aufräumarbeiten durchführen. Dies erfordert einen Papst mit guter Menschenkenntnis, der Mitarbeiter von hoher Kompetenz und persönlicher Integrität ernennt, nachdem er die Personen, die sich gesetzwidriger Handlungen oder der Korruption schuldig gemacht haben, unabhängig von ihrem Rang in der Hierarchie, schnell entfernt hat. Die Mitarbeiter des nächsten Papstes, die in der Kurie beschäftigt sind, sollten nicht auf der Grundlage eines klerikalen oder bürokratischen Beförderungssystems ernannt werden; niemand hat einen Anspruch auf einen verantwortungsvollen Posten in der römischen Kurie. Die Mitarbeiter des nächsten Papstes sollten vielmehr Männer und Frauen sein, die ihren Eifer für die Wahrheit des katholischen Glaubens und ihren Anstand im Umgang mit anderen in ihren jeweiligen Ortskirchen bereits unter Beweis gestellt haben – und die die Arbeit in der Kurie nicht als Schritt auf der Karriereleiter, sondern als ein Opfer betrachten, das sie aus Gehorsam bringen.

Jede dieser Eigenschaften – Treue zur katholischen Lehre und moralische Integrität – ist eine entscheidende

Voraussetzung für die Reform der Kurie. Denn die römische Kurie kann kein effektives Instrument der päpstlichen Führung zum Zweck der Neuevangelisierung sein, wenn ihre Mitglieder die Wahrheiten, die die Kirche lehrt, nicht bejahen und selbst danach leben.

Kleriker und Laien, die nicht glauben, dass es wahr ist, was die katholische Kirche aufgrund der Offenbarung und Vernunft lehrt, gehören nicht in die Zentralverwaltung der katholischen Kirche.

Kleriker und Ordensleute, die nicht in Treue zu ihren Gelübden leben, mit denen sie sich zur Tugend der Keuschheit und zur zölibatären Liebe verpflichtet haben, gehören nicht in die römische Kurie.

Habgierige Kleriker und Laien, die den Dienst in der Kurie als Mittel der persönlichen oder familiären Bereicherung betrachten, haben keinen Platz in der römischen Kurie.

Kein bürokratischer Apparat ist vollkommen, und es wäre töricht (oder jansenistisch), von der römischen Kurie oder ihren Mitgliedern Perfektion zu erwarten. Dennoch muss der nächste Papst mit allem Nachdruck auf die offenkundigen und vielfältigen Korruptionsfälle hinweisen, die in den letzten Jahrzehnten in der Kurie ans Licht gekommen sind, und hochgestellte (ebenso wie weniger hochgestellte) Beamte aus ihren Positionen entfernen, wenn es Beweise dafür gibt, dass sie in persönlicher oder finanzieller (oder in beiderlei) Hinsicht korrupt sind. Der nächste Papst muss dies um der evangelikalen Glaubwürdigkeit der Kirche und ihres sittlichen Zeugnisses willen tun. Und er muss es tun, um diejenigen zur Umkehr aufzurufen, die mit ihren Dienstvergehen (und Schlimmerem) ihren eigenen Seelen und der Arbeit der Kirche Schaden zugefügt haben.

Bei der schwierigen, aber bedeutsamen Aufgabe der Kurienreform verdient der Nachfolger Petri die Unterstützung der gesamten Kirche. Deshalb hat der nächste Papst ein Recht darauf, seine Mitbrüder im Bischofsamt bei der Suche nach dem bestmöglichen Personal, das ihm bei seiner Ausübung des Petrusamtes beistehen soll, um Hilfe zu bitten. Seine Mitbrüder im Bischofsamt haben die Pflicht, solchen Bitten zu entsprechen, und wenn die Antwort einen Diözesanpriester betrifft, sollte jeder Bischof einen Mann, den der Papst bei der Erfüllung seiner petrinischen Sendung für notwendig erachtet, für den Dienst am Heiligen Stuhl freistellen.

Der nächste Papst wäre gut beraten, einen leitenden Mitarbeiter zu suchen, der ihm helfen kann, den Reformbedarf in der römischen Kurie zu ermitteln – einschließlich der Entlassung inkompetenter oder korrupter Beamter – und die Arbeit der Kurie anschließend so zu koordinieren, dass sie zu einem effektiven Instrument im Dienst des Petrusamtes wird.

Im Sinne dieser Effizienz wird es erforderlich sein, ein Klima der Zusammenarbeit zu fördern anstelle des Gefühls der Angst, das die Kurie in der Vergangenheit zuweilen beherrscht hat, und anstelle des Nepotismus und des ehrgeizigen Gerangels um Bevorzugung, von dem manche Aspekte des Kurienlebens allzu oft gekennzeichnet sind.

Die eine oder andere Strukturreform mag durchaus geeignet sein, Tendenzen abzuschwächen, bei denen nicht alle am selben Strang ziehen, wie es unter den Menschen in jeder Bürokratie vorkommt. Dies ist jedoch besonders kontraproduktiv in einer Organisation, deren Zweck darin besteht, den Nachfolger Petri bei seiner Arbeit der Förderung der Neuevangelisierung zu unterstützen. Entscheidend für die effektive Funktion der römischen Kurie ist jedoch – das darf hier nochmals wiederholt werden – der Charakter derer, die ernannt werden, um dort zu arbeiten. Der nächste Papst kann nicht der Personalchef der Kurie sein. Er muss jedoch einen leitenden Mitarbeiter finden, der diese wesentliche Arbeit für ihn und mit ihm erledigen kann.

Man kann nicht oft genug darauf hinweisen, dass die finanzielle Integrität der Führung des Zentrums der Kirche im 21. Jahrhundert eine wesentliche Voraussetzung für die kirchliche Verkündigung des Evangeliums ist. Glaubwürdige Berichte über dubiose vatikanische Finanztransaktionen auf den internationalen Märkten sowie eine undurchsichtige (oder gar nicht existente) vatikanische Finanzplanung und ein Abrechnungsverfahren haben der Evangelisierung im 21. Jahrhundert großen Schaden zugefügt. Es ist absurd und skandalös, dass der Heilige Stuhl über gewaltige Mengen an »Schwarzgeld« verfügt, die ohne angemessene Prüfung und, wenn überhaupt, nur mit einer sehr unzulänglichen Rechnungslegung investiert werden.

Der nächste Papst muss dieser groben Misswirtschaft ohne Rücksicht auf eventuelle Rufschädigungen oder kurzfristige finanzielle Rückschläge ein Ende bereiten. Was der heilige Paulus vor zwei Jahrtausenden an die Korinther geschrieben hat, gilt auch für die römische Kurie unserer Tage: »So soll man uns betrachten: als Diener Christi und als Verwalter von Geheimnissen Gottes. Von Verwaltern aber verlangt man, dass sie sich als treu erweisen« (1 Kor 4,1–2). Obwohl in der Zentralverwaltung der Kirche viele gute und treue Männer und Frauen tätig sind, hat das Vertrauen in die finanzielle Integrität der römischen Kurie in den vergangenen Jahrzehnten großen Schaden genommen. Diesen Schaden zu beheben, dieses Vertrauen wiederherzustellen und die drastischen Maßnahmen zu ergreifen, die nötig sind, um den Heiligen Stuhl vor einer ausgewachsenen Finanzkrise zu bewahren, muss zu den Prioritäten des nächsten Papstes gehören.

Die Finanzreform des Vatikans ist schon für sich genommen wichtig. Sie ist aber auch wichtig für die Verkündigung des Evangeliums. Wer diesen Zusammenhang nicht erkennt, sollte mit den Finanzen des Heiligen Stuhls nichts zu tun haben.

Um das Vertrauen in die finanzielle Integrität des Vatikans wiederherzustellen, wird es erforderlich sein, dass der nächste Papst die Befugnisse kompetenter Laien und Laiinnen in der Finanzverwaltung des Heiligen Stuhls ausweiten muss. Kompetenz im Bereich der Finanzen gehört nicht unbedingt zu den mit dem Weihesakrament verliehenen Gnaden. Und leider ist die Priesterweihe auch keine Garantie für ehrenhaftes finanzielles Gebaren. In den letzten Jahrzehnten sind viele Fortschritte bei der Finanzreform des Vatikans durch Laien erzielt worden. Der nächste Papst sollte sich das zu Herzen nehmen.

Im Zuge der Kurienreform wird es auch erforderlich sein, personelle und finanzielle Ressourcen umzuschichten und dort einzusetzen, wo sie am dringendsten benötigt werden. Um nur ein Beispiel zu nennen: Als Reaktion auf die Verbrechen, Sünden und Skandale des sexuellen

Missbrauchs durch Priester sind der Kongregation für die Glaubenslehre neue Aufgabenbereiche, aber nicht genügend Ressourcen zugewiesen worden, um dieser Verantwortung gerecht zu werden. So kam es, dass die Kongregation von Missbrauchsfällen und anderen Fällen priesterlichen Fehlverhaltens überschwemmt wurde; die Ermittlungen und Beurteilungen dieser Fälle gehen nur langsam voran; und es verstärkt sich, so unfair dies auch ist, der Eindruck, dass die Kirche weiterhin die Fälle des sexuellen Missbrauchs durch Priester verzögert.

Gleichzeitig sind der römischen Kurie jedoch neue Behörden hinzugefügt worden, was den Druck auf die menschlichen und finanziellen Ressourcen weiter erhöht.

Der nächste Papst sollte daher eine umfassende Überprüfung des Verhältnisses von Ressourcen und Verantwortlichkeiten in der römischen Kirche in Auftrag geben und darauf bestehen, dass diese Überprüfung innerhalb von sechs Monaten nach seinem Amtsantritt abgeschlossen sein wird. Bei der Durchführung einer solchen Überprüfung wird die Expertise von Experten, die nicht dem Klerus angehören, unverzichtbar sein. Diejenigen, die damit beauftragt sind, Empfehlungen auszusprechen, sollten vom nächsten Papst die verlässliche Zusage erhalten, dass sie sich nicht zu scheuen brauchen, eine harte, aber notwendige Frage zu stellen: »Ist diese Behörde wirklich notwendig für das Petrusamt, damit es seine eigentliche Funktion effektiv ausüben kann: die Brüder in ihrer Mission, das Evangelium zu verkünden, zu stärken?«

Auf Dauer ist *Collaborative Governance* (eine Strategie, bei der mehrere Stellen bei der Planung und Gestaltung zusammenarbeiten, um die Ziele und Interessen mehrerer

Beteiligter zu koordinieren, zu beurteilen und zu integrieren, um dadurch mehr zu erreichen, als ein Sektor allein erreichen könnte, Anm. d. V.) das Konzept, das am besten funktioniert. Das gilt für die römische Kurie ebenso wie für die örtliche Pfarrgemeinde, die Diözese oder die Ordensgemeinschaft. Es wäre gut, wenn der nächste Papst in seinem bisherigen Dienst eine Fähigkeit für diesen Führungsstil bewiesen hätte. Zu Beginn seines Pontifikats jedoch wird der neue Papst nicht umhinkommen, in der römischen Kurie aufzuräumen. Es wird für alle Betroffenen das Beste sein, wenn er dies eher früher als später tut.

Der nächste Papst,
die Ökumene und der interreligiöse
Dialog

Ich bitte nicht nur für diese hier, sondern auch für alle, die durch ihr Wort an mich glauben. Alle sollen eins sein: Wie du, Vater, in mir bist und ich in dir bin, sollen auch sie in uns sein, damit die Welt glaubt, dass du mich gesandt hast. Und ich habe ihnen die Herrlichkeit gegeben, die du mir gegeben hast, damit sie eins sind, wie wir eins sind, ich in ihnen und du in mir. So sollen sie vollendet sein in der Einheit, damit die Welt erkennt, dass du mich gesandt hast und sie ebenso geliebt hast, wie du mich geliebt hast.

Joh 17,20–23

Der nächste Papst muss das Bemühen um die Einheit der Christen als ein Streben nach der Einheit-in-Wahrheit stärken und einen interreligiösen Dialog fördern, der auf der Wahrheit basiert.

In der Welt des 21. Jahrhunderts, in der die Kirche das Evangelium verkünden und in der sie die einzigartige Erlösung durch Jesus Christus bezeugen muss, herrscht beträchtliche Verwirrung über die Bedeutung des Begriffs »Toleranz«.

131

Viele denken, Toleranz sei gleichbedeutend mit Gleichgültigkeit gegenüber Unterschieden, als ob Unterschiede keine Rolle spielen würden. Fanatische religiöse Bewegungen, die im Namen dessen, was sie für heilig halten, andere Menschen umbringen oder diskriminieren, vergrößern diese Verwirrung noch. Wenn Religionskriege, religiös motivierte Gewalt oder religiös legitimierte Diskriminierung die Alternative sind, dann entscheiden sich viele bereitwillig für die »Toleranz« der Gleichgültigkeit.

Das ist keine Lösung für die Herausforderungen, vor die die Realität der religiösen Unterschiedlichkeit in der Welt uns stellt.

Mit Ausnahme des Westens wird die Welt des 21. Jahrhunderts zunehmend religiöser und dies wird sich wahrscheinlich auch fortsetzen ungeachtet der falschen Vorstellung der westlichen Akademiker und Liberalen. Sich vorzustellen, die Herausforderungen der religiösen Unterschiedlichkeit könnten dadurch gelöst werden, dass mehrere Milliarden Menschen weltliche Liberale werden, ist ein Fantasieprodukt und kein ernst zu nehmendes Konzept für die Zukunft der Menschheit. Doch selbst dort, wo die Diskussion nicht von diesem Fantasieprodukt beherrscht wird, führt die falsche Toleranz der Gleichgültigkeit nicht selten zu Bemühungen, religiöse Überzeugungen und die daraus abgeleiteten moralischen Auffassungen aus dem öffentlichen Leben zu verbannen. Das Ergebnis dieses (versuchten) Banns ist oft ein noch höheres Maß an Intoleranz, an Missverständnissen und Gewalt, wenn es nicht zu einer weichen (oder sogar harten) Form des Totalitarismus führt.

Die Lehre von der Herkunft der Wörter gibt uns einen Schlüssel an die Hand, der uns hilft, die Herausforderung der religiösen Unterschiedlichkeit besser zu verstehen.

Die Wurzel des Wortes »Toleranz« ist das lateinische Verb *tolerare*, was so viel heißt wie »ertragen [mit]« oder »leiden [mit]«. Diese Wortherkunft gibt Aufschluss darüber, was echte Toleranz bedeutet. Sie deutet an, dass richtig verstandene Toleranz keine Gleichgültigkeit gegenüber der Unterschiedlichkeit ist, die die Glaubensüberzeugungen des »anderen« oft heruntersetzt und damit Konflikte wahrscheinlicher oder intensiver werden lässt. Echte Toleranz bedeutet vielmehr, dass man sich mit den »anderen« in gegenseitiger Achtung und gemeinsamer Suche nach der – auch religiösen – Wahrheit der Dinge verbindet. Das ist zugegebenermaßen eine schwierige Lektion, aber die Welt wird nicht umhinkommen, sie zu erlernen. Die katholische Kirche kann diesen Lernprozess dadurch unterstützen, dass sie die wahre Bedeutung von Toleranz lehrt und in ihren ökumenischen und interreligiösen Beziehungen zum Ausdruck bringt.

Der nächste Papst muss das Wesen der wahren Toleranz begreifen. In seinem Austausch mit den in religiöser Hinsicht »anderen« muss er ihnen mit Respekt gegenübertreten, der auf eine beiderseitige Klärung der Wahrheit ausgerichtet ist, und gleichzeitig unverbrüchlich an den Wahrheiten festhalten, die zu bewahren ihm aufgetragen ist. Das ist – so schwierig es auch sein mag – das ökumenische und interreligiöse Zeugnis, das der nächste Papst ablegen muss. Denn wenn der von ihm geführte ökumenische und interreligiöse Dialog nicht über einen wechselseitigen Austausch von Höflichkeiten hinausgeht und sich nicht zu einer tragfähigen und respektvollen Erforschung der Wahrheit entwickelt, werden seine ökumenischen und interreligiösen Bemühungen wenig dazu beitragen, die Sache der echten Toleranz voranzubringen.

Auf dem Gebiet der christlichen Ökumene sollte der nächste Papst sich die Frage stellen, ob die früheren ökumenischen Gespräche mit den großen liberalen protestantischen Kirchen Frucht gebracht haben.

Diese Gespräche haben die Einheit der Kirche, für die Christus gebetet hat und die eine der Zielsetzungen Johannes' XXIII. gewesen ist, als er das Zweite Vatikanische Konzil einberufen hat, nicht herbeigeführt. In den vergangenen fünfzig Jahren haben die bilateralen ökumenischen Gespräche zwischen der katholischen Kirche und dem liberalen Protestantismus wichtige theologische Fragen geklärt, Missverständnisse ausgeräumt und dazu beigetragen, dass die Beziehungen zwischen dem Katholizismus und zahlreichen reformierten Gemeinschaften weitaus herzlicher geworden sind. Das sind wichtige Errungenschaften. Doch so begrüßenswert sie auch sein mögen, haben diese Errungenschaften die Sache der vollumfänglichen sichtbaren christlichen Einheit nicht nennenswert vorangebracht.

Diese Einheit kann nur auf der Wahrheit aufbauen, und es hat sich als unmöglich erwiesen, mit den großen liberalen protestantischen Konfessionsgemeinschaften, deren Verständnis von der christlichen Wahrheit sich permanent ändert, eine Einheit in der Wahrheit zu erreichen. Diese Verschiebungen der doktrinellen und moralischen Grenzlinien innerhalb der liberal-protestantischen Gemeinschaften werden sich im Laufe des 21. Jahrhunderts mit einiger Wahrscheinlichkeit fortsetzen. Deshalb sollte der nächste Papst in Betracht ziehen, die ökumenischen Energien des Katholizismus innerhalb der christlichen Gemeinschaften des Westens in Richtung auf einen intensiveren ökumenischen Austausch mit den wachsenden Teilen des Weltprotestantismus zu verlagern: den evangelikalen, den pfingst-lerischen und den fundamentalistischen protestantischen Gemeinschaften.

Eine solche Verlagerung wird, wenn sie in einen ernst-haften theologischen Dialog einmünden soll, ein beträcht-liches Maß an Zeit erfordern. Alte Klischees und Mythen über den katholischen Glauben und die katholische Praxis, die aus den großen protestantischen liberalen Gemein-schaften weitgehend verschwunden sind, sind in evangeli-kalen, pfingstlerischen und fundamentalistischen protes-tantischen Gemeinschaften noch mehr oder weniger er-halten geblieben. Zudem sind diese Gemeinschaften nicht so organisiert, dass sie fortlaufende theologische Gespräche aufrechterhalten könnten, wie sie zwischen der katholi-schen Kirche und den großen liberalen protestantischen Konfessionen mittlerweile an der Tagesordnung sind. Den-noch haben informelle und inoffizielle Bemühungen in Nordamerika und andernorts bewiesen, dass zwischen Ka-tholiken und dem evangelikalen, pfingstlerischen und fun-damentalistischen Protestantismus ein ernst zu nehmender theologischer Austausch möglich ist. Der nächste Papst soll-te sich dieser Bemühungen bewusst sein, wenn dies nicht schon geschehen ist. Und er sollte in Erwägung ziehen, ob ökumenische Gespräche, die außerhalb der üblichen kirch-lichen Bürokratien geführt werden, zumindest für die ab-sehbare Zukunft ein gangbarer Weg sein könnten.

Der nächste Papst sollte auch über eine Neugestaltung des Dialogs zwischen der katholischen Kirche und der ortho-doxen Christenheit nachdenken.

Obwohl zwischen dem Heiligen Stuhl in Rom und dem Ökumenischen Patriarchat von Konstantinopel herzliche

Beziehungen der wechselseitigen Achtung und Zunei-
gung bestehen – die sich alljährlich in der Entsendung
hochrangiger Delegationen zu den Patronatsfesten der
heiligen Petrus und Paulus (nach Rom) und des heiligen
Andreas (nach Istanbul) äußern –, hat der Vatikan bei der
Ost-West-Ökumene oft größeren Wert auf den katholischen Dialog mit der russischen Orthodoxie gelegt. Dies
fußt offenbar auf der Annahme, dass das Moskauer Patriarchat als die oberste Instanz der zahlenmäßig größten
orthodoxen Kirche zwar vielleicht nicht *de iure*, doch aber
de facto auf orthodoxer Seite der Hauptgesprächspartner
der Kirche von Rom sein sollte.

Der nächste Papst muss diese Annahme überprüfen, die
zu unnötigen Schwierigkeiten oder sogar Treuebrüchen
geführt hat. Das Moskauer Patriarchat wird nach wie vor
vom russischen Staat kontrolliert und sein Hauptbeauf-
tragter für die Ökumene vertritt nicht selten die imperia-
listische Politik des Kremls im 21. Jahrhundert, die in solchen Gesprächen lediglich einen religiösen oder kulturellen Anstrich erhält. Deshalb ist der Dialog zwischen Rom
und Moskau insofern strukturell unausgewogen oder sogar falsch, als katholische Geistliche, die keine weltliche
Macht ausüben, Gespräche mit russisch-orthodoxen Geistlichen führen, die (ungeachtet ihrer persönlichen religiösen Überzeugungen) als Vertreter der russischen Staatsmacht fungieren.

Der Schmusekurs des Vatikans im Umgang mit russischen Mythen und Ansprüchen hat auch dazu geführt,
dass der Heilige Stuhl in seiner Unterstützung der katholischen Ostkirchen, die sich in voller Gemeinschaft mit dem
Bischof von Rom befinden, alles andere als entschlossen
auftritt. Vor allem die größte der katholischen Ostkirchen,

die ukrainische griechisch-katholische Kirche, die die russisch-orthodoxe Kirche (mit tatkräftiger Unterstützung des sowjetischen Sicherheitsdiensts) 1946 zu liquidieren versuchte, hatte unter dieser römischen Zurückhaltung zu leiden. Auf die russisch-orthodoxe Aggressivität mit Kleinmut zu reagieren, ist des Heiligen Stuhls nicht würdig. Der nächste Papst sollte dem ein Ende setzen und höflich, aber bestimmt auf einem ökumenischen Dialog mit der russischen Orthodoxie bestehen, der in theologischer Hinsicht nach der Wahrheit sucht und in historischer Hinsicht auf der Wahrheit fußt.

Ein solch neu gestalteter Dialog wäre auch hilfreich, wenn es darum geht, diejenigen aktuellen Denkansätze innerhalb der Weltorthodoxie zu begünstigen, die nach Wegen suchen, die traditionelle Dienstbarkeit – wenn nicht völlige Abhängigkeit – der orthodoxen Kirchen gegenüber der Staatsmacht zu überwinden. Orthodoxe Denker in Russland und der Ukraine haben Interesse an der katholischen Soziallehre und an der katholischen Theorie vom Verhältnis zwischen Kirche und Staat bekundet, die sich seit der Erklärung des II. Vatikanums über die Religionsfreiheit entfaltet hat. Der nächste Papst sollte zu tieferen und häufigeren ökumenischen Gesprächen mit diesen kreativen und mutigen orthodoxen Denkern ermutigen.

Interreligiöse Gespräche in Zeiten einer gesteigerten und politisierten Religiosität sind komplex, unberechenbar und zuweilen gefährlich. Der nächste Papst wird den interreligiösen Dialog am besten voranbringen, soweit dies möglich ist, wenn er davon absieht, den ohnehin schon schwierigen Austausch mit falschen Bildern und Metaphern zu belasten.

Deshalb sollte der nächste Papst in Betracht ziehen, innerhalb des Heiligen Stuhls und seiner Arbeit den falschen bildlichen Ausdruck der »drei abrahamitischen Religionen« zu den Akten zu legen: Dieses Bild suggeriert die Existenz einer Triade, innerhalb derer jeder der drei Teile in derselben Weise über den anderen denkt. Das ist einfach nicht wahr. Die Beziehung des Katholizismus zum Judentum ist von einer anderen Qualität als seine Beziehung zum Islam. Dieser qualitative Unterschied beruht auf der göttlichen Offenbarung und nicht auf menschlichen Meinungen oder historischen Zufällen. Der Islam seinerseits ist in substitutionstheologischer Hinsicht sowohl dem Christen- als auch dem Judentum gegenüber sehr viel radikaler, als es die strenggläubige christliche Theologie jemals dem Judentum gegenüber war. Deshalb verschleiert der bildliche Ausdruck der »drei abrahamitischen Religionen« sehr viel mehr, als er erhellt.

Natürlich weisen das Judentum, das Christentum und der Islam, wenn man sie aus der Sicht eines Buddhisten, eines Hindu, eines Konfuzianers oder eines Shintō-Gläubigen betrachtet, gewisse verwandtschaftliche Ähnlichkeiten auf, die den Anschein erwecken, diese Religionen wären irgendwie miteinander verwandt. Doch der Bischof von Rom (der kein Buddhist, Hindu, Konfuzianer oder Shintō-Gläubiger ist) sollte die falsche Vorstellung, wonach Judentum, Christentum und Islam drei Zweige eines einzigen monotheistischen Baumes sind, nicht durch seine Worte oder Handlungen bestärken. Diese Vorstellung hat mit dem historischen Selbstverständnis keiner dieser drei monotheistischen Religionen auch nur irgendetwas zu tun, und dies liegt darin begründet, dass jede der drei Religionen unter göttlicher Offenbarung etwas anderes versteht. Deshalb wird ein auf die Wahrheit ausgerichteter Dialog zwischen diesen drei Religionen oder auch nur zwischen zwei Teilen dieser angeblichen Triade nicht begünstigt, sondern behindert durch die Vorstellung von »drei abrahamitischen Religionen«, die sich lediglich in der Schwerpunktsetzung, in ethnischer Hinsicht oder in ihrer historischen Bedingtheit voneinander unterscheiden.

Ein echter interreligiöser Dialog beginnt damit, dass man das Selbstverständnis des »anderen« versteht und anerkennt. Falsche Vorstellungen bringen ihn nicht voran. Der nächste Papst sollte den Katholizismus – gerade weil er an einer wahrheitszentrierten interreligiösen Begegnung interessiert ist – über den bildlichen Ausdruck der »drei abrahamitischen Religionen« hinausführen. Die Vorstellung von einer monotheistischen Dreiergruppe in der Theologie hat bei keiner der drei Glaubenslehren tiefere Wurzeln. Sie ist eine Erfindung von Akademikern des 20. Jahrhunderts – und der nächste Papst sollte dafür sorgen, dass sie den Dialog des Katholizismus mit dem Islam im 21. Jahrhundert nicht bestimmt.

Der nächste Papst
und das Weltgeschehen

Denn Gott hat seinen Sohn nicht in die Welt gesandt, damit er die Welt richtet, sondern damit die Welt durch ihn gerettet wird.

Joh 3,17

Der nächste Papst muss die grundlegenden Dynamiken der Weltpolitik und der Weltwirtschaft des 21. Jahrhunderts erfassen und erkennen, dass der einzige Einfluss, den die Kirche auf das Weltgeschehen nehmen kann, der moralische Einfluss ist.

Es gibt in den vergangenen 200 Jahren der Geschichte des Katholizismus manche durch die Vorsehung bewirkte Ironien. Unter ihnen sticht besonders die Ironie hervor, dass gerade die politische Moderne, die in einigen ihrer Erscheinungsformen versucht hat, die katholische Kirche aus den Geschichtsbüchern zu tilgen, die Babylonische Gefangenschaft dieser Kirche beendet, das heißt, sie aus den Händen des Staates befreit und dadurch den Katholizismus im öffentlichen Leben zu einem unerschrockenen missionarischen Wirken und effektiveren öffentlichen Zeugnis für das Evangelium befähigt hat.

Schlüsselmoment dieser durch die Vorsehung bewirkten Ironie, die die moderne Ausübung des Petrusamtes zutiefst geprägt hat, war der Untergang des Kirchenstaates im Jahr 1870. Was damals einigen Katholiken wie eine Katastrophe – und einigen konformistischen Denkern wie das Ende der geschichtsgestalterischen Möglichkeiten des Katholizismus erschien –, verschaffte dem Papsttum in Wirklichkeit den nötigen Spielraum, um im Weltgeschehen eine Rolle als moralischer Lehrer und Zeuge zu übernehmen: eine Rolle von weitaus größerer Tragweite als jene, die die Päpste in der frühen Neuzeit als absolute Monarchen einer viertklassigen europäischen Staatsmacht gespielt hatten. Auf denkbar dramatische Weise wurde diese neu gestaltete Rolle von Papst Johannes Paul II. zur Wirkung gebracht, als er jene gewaltlose Revolution mitprägte, die zum Ende des europäischen Kommunismus führte. Im Grunde aber hat jeder Papst seit Leo XIII. mehr oder weniger erfolgreich die Rolle einer globalen moralischen Autorität und Lehrinstanz übernommen.

Der nächste Papst muss diese Geschichte und die Lehren verstehen, die sich daraus ergeben.

Es gehört zu den wichtigsten Entwicklungen der neueren Geschichte des Katholizismus, dass die Kirche Bischöfe ernennen und so ihr internes Leben ohne staatliche Einmischung eigenständig ordnen kann.

Mitte des 19. Jahrhunderts hatte Papst Pius IX. in der Stadt Rom und in vier Ländern, von denen drei protestantisch waren, das uneingeschränkte Recht, Bischöfe zu ernennen. Durch eine geschickte vatikanische Diplomatie konnte die Situation in den darauffolgenden eineinhalb Jahrhunderten erheblich verbessert werden, und zu Beginn des 21. Jahrhunderts besitzt der Papst praktisch überall (mit Ausnahme von Vietnam und China) in puncto

Bischofsernennungen sämtliche Freiheiten und Rechte. In Europa wird dieses Ernennungsrecht zuweilen durch Konkordate, die schon seit langer Zeit bestehen, oder durch die alten Vorrechte der Ortskirchen verkompliziert. Im Großen und Ganzen aber hat die katholische Kirche überall in der Welt die Befugnis zurückerlangt, ihr eigenes Bestehen nach ihren eigenen Kriterien zu ordnen.

Um des Evangeliums und der evangelikalen Mission der Kirche willen ist dies eine Errungenschaft und eine Freiheit, die der nächste Papst voll und ganz bewahren muss. Wenn er dies tut, wird er das Petrusamt im Sinne des Zweiten Vatikanischen Konzils und der Vorschriften des 1983 promulgierten Kirchengesetzbuches ausüben. In *Christus Dominus*, dem Dekret des II. Vatikanums über die Hirtenaufgabe der Bischöfe, legten die Konzilsväter fest, dass, »um […] die Freiheit der Kirche in rechter Weise zu schützen und das Wohl der Gläubigen besser und ungehinderter zu fördern […] in Zukunft staatlichen Obrigkeiten keine Rechte oder Privilegien mehr eingeräumt werden, Bischöfe zu wählen, zu ernennen, vorzuschlagen oder zu benennen«.[1] Diese Lehre wurde sodann in Kanon 377, § 5, des *Codex Iuris Canonici* (»Codex des Kanonischen Rechts«) kodifiziert.

Sinn und Zweck dieser Konzilslehre und dieses Gesetzes ist der Schutz der evangelikalen Mission der Kirche. Staatlich autorisierte Bischöfe, insbesondere in totalitären Gesellschaften, haben keine volle Freiheit, das Evangelium zu verkünden. In Situationen, in denen die Katholiken heldenhaften Widerstand gegen Versuche des Staates geleistet haben, die Kirche durch die Ernennung ihrer geweihten Hirten zu kontrollieren, untergräbt die vatikanische Diplomatie die evangelikale Botschaft und Sendung der Kirche, wenn sie unter Missachtung der Lehre des II. Vatikanums und der kircheneigenen Gesetzgebung den Forderungen autoritärer oder totalitärer Regime entgegenkommt.

Deshalb muss der nächste Papst darauf bestehen, dass die letztgültige Autorität bei der Ernennung von Bischöfen immer und überall der Kirche zukommt. In seltenen Fällen können betratende Anhörungen staatlicher Behörden Teil des Ernennungsprozesses sein. Doch diese Anhörung darf nicht bedeuten, dass der Staat oder eine politische Partei das erste Ernennungsrecht hat und die Kirche darauf lediglich reagieren kann. Eine derartige Vereinbarung kann um des Evangeliums willen nicht gutgeheißen werden. Wo immer es besteht, sollte der nächste Papst dieser Praxis ein Ende bereiten und damit bestätigen, dass die katholische Kirche sich der Lehre von *Christus Dominus* und den im Codex des Kanonischen Rechts enthaltenen Verboten verpflichtet weiß.

Außerdem muss der Papst Theorie und Praxis der vatikanischen Diplomatie neu bewerten.

Der diplomatische Dienst des Heiligen Stuhls – die vatikanischen Nuntien, die Apostolischen Delegaten und andere Vertreter des Papstes bei Regierungen oder internationalen Organisationen – hat viele nützliche Funktionen inne. In Ländern, in denen eine bedrängte Ortskirche von der Politik unter Druck gesetzt wird, können päpstliche Diplomaten die lebenswichtige Verbindung nach Rom und zu jenen Teilen der Weltöffentlichkeit sein, die auf den Papst hören. In internationalen Organisationen kann die vatikanische Diplomatie die Machthaber daran erinnern, dass die Ausübung von Macht immer auch eine moralische

Komponente hat. Die heutige Welt sollte aus der Trennung von Macht und moralischen Prinzipien einige bittere Lektionen gelernt haben. Die diplomatische Vertretung des Vatikans (und päpstliche Ansprachen bei internationalen Organisationen) können verhindern helfen, dass diese Lektionen in Vergessenheit geraten, und ihre Relevanz für die brennenden Fragen unserer Gegenwart verdeutlichen.

Das aber wird nur geschehen, wenn der Papst und die Diplomaten der Kirche erkennen, dass der einzige Einfluss, den das Papsttum und der Heilige Stuhl auf das Weltgeschehen ausüben können, der moralische Einfluss ist.

Diese Wahrheit hat man in den Kreisen der vatikanischen Diplomatie noch nicht wirklich verstanden. Päpstliche Diplomaten (und insbesondere italienische päpstliche Diplomaten) denken und handeln oft so, als würden sie noch immer den Kirchenstaat – eine eher unbedeutende europäische Macht – und nicht den Heiligen Stuhl, das heißt die juristische Verkörperung des vom Bischof von Rom ausgeübten Hirtenamtes der Weltkirche, repräsentieren. Diese Verwechslung hat zu unnötigen und bisweilen skandalösen Zugeständnissen an autoritäre oder totalitäre Regime geführt, weil man irrtümlich annahm, dass solche Zugeständnisse die vatikanische Diplomatie »im Spiel« halten würden. Tatsächlich aber sind all diese Zugeständnisse lediglich ein Zeichen diplomatischer Schwäche und mangelnder evangelikaler und moralischer Entschlossenheit.

So ist es zum Beispiel auffallend, dass aufstrebenden vatikanischen Diplomaten gelehrt wird, dass die Ostpolitik des Vatikans gegenüber dem europäischen Kommunismus der 1970er-Jahre – eine Strategie stufenweiser Zugeständnisse an die kommunistischen Regime – ein großer

Erfolg gewesen sei, der der gewaltlosen Revolution in Mittel- und Osteuropa 1989 den Weg bereitet habe. Das ist schlicht und einfach falsch. Die Ostpolitik hatte in den Ländern des Warschauer Pakts keine messbaren Erfolge, im Gegenteil: Sie führte in mehreren Ländern zu einer Demoralisierung der Kirche, brachte die örtlichen Hierarchien unter die Kontrolle der jeweiligen kommunistischen Parteien und verschaffte den Geheimdiensten der Länder des Warschauer Pakts tiefe Einblicke in den Vatikan. Eine derart grobe Fehldeutung der neueren Geschichte der vatikanischen Diplomatie bleibt auch in der heutigen Zeit nicht ohne Konsequenzen, denn sie ist die Grundlage für Zugeständnisse an totalitäre Regime des 21. Jahrhunderts, die niemals hätten gemacht werden dürfen.

Deshalb sollte der nächste Papst eine gründliche Überprüfung der Erfolge und Misserfolge der Diplomatie des Heiligen Stuhls seit dem Zweiten Weltkrieg in Auftrag geben und sich dabei auf die Expertise sowohl von weltlichen Historikern als auch von Geistlichen stützen.

Bei einer solchen Überprüfung wäre es auch gut, wenn die Theorie und Praxis der vatikanischen Diplomatie in internationalen Organisationen in Augenschein genommen würde, die gegenwärtig darin besteht, dass der Heilige Stuhl zu praktisch jeder Frage Stellung nimmt. In Anbetracht der Tatsache, dass der einzige Einfluss, den die Kirche unter diesen Umständen ausüben kann, der moralische Einfluss ist, könnte es durchaus klüger sein, den Anliegen des Heiligen Stuhls Priorität einzuräumen bei den Vereinten Nationen und ähnlichen Instanzen. Denn wenn der Heilige Stuhl zu praktisch jeder Frage Stellung nimmt, entsteht womöglich der Eindruck, dass alle Fragen gleich wichtig seien, was natürlich nicht zutrifft, wenn man es vom Gesichtspunkt des moralischen Urteilsvermögens aus betrachtet. Und es entsteht womöglich der Eindruck, dass die katholische Kirche zu praktisch jeder Frage der internationalen öffentlichen Ordnung *(international public policy)* über ein relevantes Fachwissen verfügt, was ebenfalls nicht zutrifft.

Der nächste Papst sollte außerdem seine eigenen diplomatischen Schritte sorgfältig bedenken. Absolutistische päpstliche Positionen können den unbeabsichtigten Effekt haben, dass sie den verfügbaren politischen Raum für eine vernünftige Politik der schrittweisen Fortschritte einschränken. Gewiss gibt es offensichtlich Fragen, in denen ein fester und kompromissloser päpstlicher Standpunkt nicht nur wünschenswert, sondern dringend geboten ist: das unveräußerliche Recht auf Leben vom Moment der Empfängnis bis zum natürlichen Tod; die Verteidigung der Religionsfreiheit aller Menschen; die Forderung nach einem Ende des Menschenhandels in all seinen Formen. Andere Angelegenheiten sind jedoch weniger klar. Die vatikanische Diplomatie und die Schritte, die der Papst auf der Weltbühne unternimmt, sollten dem Rechnung tragen.

Im 21. Jahrhundert werden sowohl die Interventionen des Papstes als auch die vatikanische Diplomatie effizienter sein, wenn der nächste Papst und seine Vertreter sich in ihren Äußerungen zu den zeitbedingten politischen und wirtschaftlichen Gegebenheiten auf fundierte Informationen aus zuverlässigen Quellen stützen.

Zum Beispiel ist es unerlässlich, dass der nächste Papst und die von ihm geführte Kirche energisch für die Armen Partei ergreifen. Diese Parteinahme wird bereitwilliger gehört werden, wenn sie mit der Anerkenntnis einhergeht, dass große Teile der Welt in den vergangenen 50 Jahren die Armut hinter sich gelassen haben, und wenn sie sich auf die Einsicht stützt, dass der Grund darin liegt, dass immer mehr Menschen in das Netzwerk eingebunden worden sind, in dem der Wohlstand geschaffen und ausgetauscht worden ist. Eine solche Anerkennung und Einsicht ist kein Zugeständnis an die eine oder andere ökonomische Theorie oder Ideologie; dass Menschen die Armut hinter sich lassen, wenn sie zur Teilhabe an den globalen Netzwerken der Produktion und des Austauschs von Gütern befähigt werden, ist eine Aussage der kirchlichen Soziallehre.

Die Welt des 21. Jahrhunderts hat es bitter nötig, dass die Kirche ihre Stimme zur Verteidigung der Würde der menschlichen Person erhebt und darauf hinweist, was diese Würde für eine angemessene Ordnung des politischen und wirtschaftlichen Lebens bedeutet. Der nächste Papst sollte dafür sorgen, dass die Stimme der Kirche, ob es seine Stimme oder die des Heiligen Stuhls ist, eine allseitig informierte Stimme ist. Auch dies ist ein Schauplatz des katholischen Zeugnisses, bei dem der nächste Papst gut daran tun würde, sich auf die Fachkenntnisse von Laien zu stützen, die sich der Morallehre und Sozialethik der Kirche voll und ganz verpflichtet wissen und sachkundige Experten im wirtschaftlichen und politischen Bereich sind.

Im Zentrum stehen Christus und das Evangelium

Er ist Bild des unsichtbaren Gottes, der Erstgeborene der ganzen Schöpfung. Denn in ihm wurde alles erschaffen im Himmel und auf Erden, das Sichtbare und das Unsichtbare, Throne und Herrschaften, Mächte und Gewalten; alles ist durch ihn und auf ihn hin erschaffen. Er ist vor aller Schöpfung und in ihm hat alles Bestand. Er ist das Haupt, der Leib aber ist die Kirche. Er ist der Ursprung, der Erstgeborene der Toten; so hat er in allem den Vorrang. Denn Gott wollte mit seiner ganzen Fülle in ihm wohnen, um durch ihn alles auf ihn hin zu versöhnen. Alles im Himmel und auf Erden wollte er zu Christus führen, der Frieden gestiftet hat am Kreuz durch sein Blut.

Kol 1,15–20

Die Welt sieht die katholische Kirche typischerweise als eine riesige und komplexe globale Organisation. Mehr als nur ein paar Katholiken denken über die Kirche genauso. Doch die ganze neuere Geschichte des Katholizismus hat der Kirche einen anderen Weg gewiesen und sie zu einem anderen Selbstverständnis ermuntert.

In einer geistgeführten und geistgeleiteten Bewegung der evangelikalen Erneuerung war und ist die katholische Kirche aufgerufen, durch und durch christozentrisch und evangelikal zu sein. Die Kirche ist aufgefordert, jede Facette ihres organisierten Lebens in den Dienst des Evangeliums zu stellen, das heißt, das Gottesreich zu verkünden, das mitten unter uns bereits besteht, und allen die Freundschaft mit Jesus Christus, dem Herrn, anzubieten, denn darin besteht der Daseinsgrund der Kirche.

Jede echte katholische Reform ist eine Rückkehr zur ursprünglichen »Gestalt« der Kirche, die Christus selbst ihr gegeben hat. Im Zentrum dieser »Gestalt« der Kirche steht der große Missionsauftrag, hinauszugehen und alle Völker zu Jüngern zu machen. Die Wiederentdeckung dieser grundlegenden Wahrheit über die Kirche ist der rote Faden, der sich durch die vergangenen 150 Jahre der Geschichte des Katholizismus von Papst Leo XIII. über das Zweite Vatikanische Konzil bis hinein ins 21. Jahrhundert zieht. Die Ausrichtung der Kirche auf Christus als ihren Mittelpunkt, die die evangelikale Verpflichtung mit einschließt, ist auch der rote Faden, der sich durch die hier vorgelegten Überlegungen zum Petrusamt und seiner Ausübung in einer missionarischen Kirche hindurchzieht.

Das Petrusamt ist anders als jede andere verantwortungsvolle Position in der Welt. Dieses Amt ist die Quelle jedweder exekutiven, legislativen und judikativen Autorität in der katholischen Kirche. Dennoch ist der Mann, der auf dem Stuhl Petri sitzt, nicht der Herr, sondern der Diener der katholischen Tradition. Er muss aus dem Inneren dieser Tradition heraus führen und ihre Entwicklung fördern. Aber er darf nicht glauben, über der Tradition oder dem Evangelium zu stehen, denn dann geraten er und die Kirche in große Gefahr.

Hinzu kommt die Spannweite seiner Verantwortung. Wie der Titel *Oberster Pontifex* andeutet, muss der Papst auf irgendeine Weise eine Brücke zwischen Gott und der Menschheit sein, zwischen der katholischen Kirche und anderen Religionsgemeinschaften, zwischen der katholischen Kirche und den Zivilregierungen, zwischen seinem eigenen Amt und dem der Bischöfe, mit denen gemeinsam er ein Leitungskollegium in der Kirche bildet, und zwischen der kirchlichen Zentralverwaltung und 1,1 Milliarden Katholiken, die in praktisch jeder nur vorstellbaren Situation auf diesem Planeten leben.

Und er muss über seine Führung und Verwaltung schließlich Rechenschaft ablegen, nicht vor seinen Wählern, sondern vor dem lebendigen Gott.

Es erscheint unmöglich, diese Aufgabe zu erfüllen. Menschlich gesprochen ist sie das auch. Deshalb muss der nächste Papst wie diejenigen seiner Amtsvorgänger, die dem Auftrag des Herrn an Petrus, »seine Brüder zu stärken«, am besten entsprochen haben, ein Mann sein, der die Gnade Gottes in seinem Leben durchscheinen lässt, denn nur diese Gnade wird ihn befähigen, so zu lehren, zu heiligen und zu leiten, wie der Nachfolger Petri es tun sollte.

Der heilige Kirchenvater Gregor von Nyssa hat dies im 4. Jahrhundert klar erkannt, wie die Kirche es sich im Stundengebet Jahr für Jahr in Erinnerung ruft:

»Wir werden mit Klarsicht gesegnet sein, wenn wir unsere Augen auf Christus gerichtet halten, denn er ist unser Haupt, wie Paulus lehrt, und kein Schatten des Bösen ist in ihm. Der heilige Paulus selbst und alle, die dieselben Höhen der Heiligkeit erreicht haben, hatten ihre Augen auf Christus gerichtet, und das haben alle, die in ihm leben und in ihm sind.

Da jemand, der vom Licht umgeben ist, keine Dunkelheit zu sehen vermag, so kann nichts Belangloses die Aufmerksamkeit bei jemandem erregen, der seine Augen auf Christus richtet. Wer seine Augen auf das Haupt und den Ursprung des ganzen Universums gerichtet hält, richtet sie auf die Tugend in ihrer ganzen Vollkommenheit, richtet sie auf Wahrheit, auf Gerechtigkeit, auf Unsterblichkeit und auf alles andere, was gut ist, denn Christus ist die Fülle des Guten selbst.«[1]

Deshalb muss der nächste Papst vor allem anderen ein durch und durch bekehrter Jünger sein: ein Mann, der in der Tiefe seines Seins von der Überzeugung geprägt ist, dass Jesus Christus der menschgewordene Sohn Gottes ist, der der Welt das Antlitz Gottes, des barmherzigen Vaters, und die Wahrheit über die Menschheit, ihre Würde und ihre Bestimmung, offenbart. Die Intensität der Beziehung des nächsten Papstes zu Jesus, dem Herrn, und die Weisheit, mit der er erkennt, was der Herr Jesus zu gegebener Zeit von ihm erwartet, wird darüber entscheiden, ob sein Papsttum die Sache des Evangeliums voranbringt oder die evangelikale Mission der Kirche behindert. Deshalb braucht und verdient der nächste Papst die Gebetsunterstützung der gesamten katholischen Welt.

Darum geht und macht alle Völker zu meinen Jüngern; tauft sie auf den Namen des Vaters und des Sohnes und des Heiligen Geistes [...].

Mt 28,19

Sie aber zogen aus und verkündeten überall. Der Herr stand ihnen bei und bekräftigte das Wort durch die Zeichen, die es begleiteten.

Mk 16,20

Amen.

Anmerkungen

Der Heilige Geist und die gegenwärtige Situation des Katholizismus

1 Johannes XXIII., Ansprache *Gaudet Mater Ecclesia* (»Es jubelt die Mutter Kirche«), 11. Oktober 1962, Nr. 8.

2 Ebd., Nr. 3.

3 Ebd., Nr. 15.

4 Ebd.

5 Ebd., Nr. 17.

6 Vgl. Lucas Moreira Kardinal Neves OP, »Evangelii Nuntiandi: Paul VI's Pastoral Testament to the Church«, in: *L'Osservatore Romano*, Wochenausgabe in englischer Sprache, 17. Januar 2001, S. 10, https://www.ewtn.com/catholicism/library/evangelii-nunti andi-paul-vis-pastoral-testament-to-the-church-1983. Der Beitrag ist eine Reflexion zum 25. Jahrestag der Veröffentlichung von *Evangelii nuntiandi*.

7 Paul VI., Apostolisches Schreiben *Evangelii nuntiandi* (»Die Verkündigung des Evangeliums«), 8. Dezember 1975, Nr. 22.

8 Schlussdokument der Außerordentlichen Bischofssynode und Botschaft an die Christen in der Welt »Kirche unter dem Wort Gottes feiert Christi Geheimnisse zum Heil der Welt«, 10. Dezember 1985«, in: *Der Apostolische Stuhl: Ansprachen, Predigten und Botschaften des Papstes, Erklärungen der Kongregationen*, Città del Vaticano/Köln, 1985, S. 1879.

9 Ebd.

10 Johannes Paul II., Apostolisches Schreiben *Novo millennio ineunte* (»Zu Beginn des neuen Jahrtausends«), 6. Januar 2001, Nr. 1.

Der nächste Papst und die Neuevangelisierung

1   II. Vatikanisches Konzil, Dogmatische Konstitution über die Kirche *Lumen gentium* (»Das Licht der Völker«), 21. November 1964, Nr. 2.

2   Ebd., Nr. 6.

3   Ebd.

4   Ebd.

5   Ebd.

6   Ebd.

7   Ebd., Nr. 3.

8   II. Vatikanisches Konzil, Konstitution über die heilige Liturgie *Sacrosanctum concilium*, 4. Dezember 1963, Nr. 2.

9   Johannes Paul II., Enzyklika *Fides et ratio* (»Glaube und Vernunft«), 14. September 1998, Einleitung, Segen.

10 II. Vatikanisches Konzil, Dogmatische Konstitution über die göttliche Offenbarung *Dei verbum* (»Gottes Wort«), 18. November 1965, Kap. 2, Nr. 7, 9–10.

11 II. Vatikanisches Konzil, Dogmatische Konstitution über die Kirche *Lumen gentium* (»Das Licht der Völker«), 21. November 1964, Nr. 3.

Der nächste Papst und das Petrusamt

1   Johannes Paul II., *Ansprache am Beginn des Pontifikats,* 22. Oktober 1978, Nr. 2, http://w2.vatican.va/content/john-paul-ii/de/homilies/1978/documents/hf_jp-ii_hom_19781022_inizio-pontificato.html.

2   Ebd., Nr. 4.

3   Ebd.

4   Ebd., Nr. 5.

5   http://www.vatican.va/archive/DEU0036/_INDEX.HTM.

6   Zitiert nach: Patrick Granfield, *The Limits of the Papacy: Authority and Autonomy in the Church,* New York 1987, S. 62–63.

7   Ebd.

Der nächste Papst, die Krise der menschlichen Person und der christliche Humanismus

1   Henri de Lubac, *Die Tragödie des Humanismus ohne Gott,* Salzburg, 1950, S. 15.

2   Christopher Dawson, »The Modern Dilemma«, in: *Christianity and European Culture: Selections from the Work of Christopher Dawson,* hg. v. Gerald Russello, Washington, D. C. 1988, S. 118.

3   II. Vatikanisches Konzil, Pastoralkonstitution über die Kirche in der Welt von heute *Gaudium et spes* (»Freude und Hoffnung«), 7. Dezember 1965, Nr. 22.

4   Ebd., Nr. 24.

Der nächste Papst und die Bischöfe

1   II. Vatikanisches Konzil, Dogmatische Konstitution über die Kirche *Lumen gentium* (»Das Licht der Völker«), 21. November 1964, Nr. 20, 24–25.

2   Johannes Paul II., Enzyklika *Evangelium vitae* (»Das Evangelium vom Leben«), 25. März 1995.

Der nächste Papst und die Priester der Kirche

1   II. Vatikanisches Konzil, Dogmatische Konstitution über die Kirche *Lumen gentium* (»Das Licht der Völker«), 21. November 1964, Nr. 11.

2   II. Vatikanisches Konzil, Konstitution über die heilige Liturgie *Sacrosanctum concilium,* 4. Dezember 1963, Nr. 8.

Der nächste Papst und das Weltgeschehen

1   II. Vatikanisches Konzil, Dekret über die Hirtenaufgabe der Bischöfe *Christus Dominus* (»Christus der Herr«), 28. Oktober 1965, Nr. 20.

Im Zentrum stehen Christus und das Evangelium

1 Gregor von Nyssa, »Predigt über das Buch Kohelet« (Hom. 5: PG 44, 683–686), Lesehore am Montag der siebten Woche im Jahreskreis, in: *The Liturgy of the Hours*, Internationale Kommission für Englisch in der Liturgie, 1973–1975.

APOLOGIA PRO VITA SUA

Geschichte meiner religiösen Überzeugungen

Mit einem Beitrag von Joseph Kardinal Ratzinger

Die *Apologia* ist zweifellos einer der größten literarischen und spirituellen Klassiker. Der Autor berichtet über die Geschichte seiner Konversion, angefangen von den Erfahrungen in seiner Kindheit bis er schließlich – nach Jahren des Studiums und der Abwägung – mit Überzeugung der römisch-katholischen Kirche beitrat.

Als anglikanischer Theologe an der Universität von Oxford kämpfte er zunächst gegen den beginnenden Liberalismus in seiner Kirche. Durch sein Studium der Kirchenväter begann John Henry Newman, sich mit den Grundprinzipien des Glaubens zu beschäftigen.

Er veröffentlichte Traktate, um den konservativen anglikanischen Glauben zu begründen, wurde aber deshalb von den Bischöfen stark angegriffen. Als Folge gab er sämtliche Ämter auf und zog sich nach Littlemore zurück.

In einem langen und tiefgründigen Denkprozess erkannte John Henry Newman, dass nur die römisch-katholische Kirche mit den Entwicklungen der Glaubenslehre auf der Lehre der Urkirche basiert. Dies war der Beginn seiner Hinwendung zum katholischen Glauben. Er berichtet in einer dokumentarischen Darstellung von der ganzen Tragik seines Übertritts.

Geb., 448 Seiten, ISBN 978-3-9811452-9-8